ENCUENTROS

A_tope.com

CUADERNO
DE EJERCICIOS

BERUFSBILDENDE SCHULEN

Mit Lösungsheft

Cornelsen

A_tope.com

Spanischlehrwerk für Spätbeginner

Cuaderno de ejercicios

Berufsbildende Schulen

Im Auftrag des Verlages erarbeitet von
Katja Zerck und Martin Drüeke

und der Redaktion Fremdsprachen in der Schule:
Matthias Nusser und Ana Calle Fernández
Projektleitung: Heike Malinowski
Bildredaktion: Sabrina Battaglini
Redaktionelle Assistenz: Sabine Arnold und Roxana Carmona

Gesamtgestaltung und technische Umsetzung: graphitecture book, Rosenheim
Umschlaggestaltung: Regelindis Westphal, Berlin
Illustration: Joaquín González Dorao, Madrid
Umschlagfoto: © shutterstock

Symbole und Verweise

🎧 00   Hörverstehen

🇩🇪   Sprachmittlung

DELE   Diploma de Español como Lengua Extranjera

▢   Grammatik

▢   Hinweis

▬   Landeskunde

$\frac{G}{13}$ Verweis auf die Grammatik im Anhang

◰   Verweis auf das Methodentraining im Anhang des Schülerbuchs

○   Differenzierungsaufgabe (leicht)

●   Differenzierungsaufgabe (schwer)

www.cornelsen.de

1. Auflage, 11. Druck 2022

© 2010 Cornelsen Verlag, Berlin
© 2017 Cornelsen Verlag GmbH, Berlin

Druck: H. Heenemann, Berlin

ISBN 978-3-464-20546-4

PEFC PEFC/04-31-1156

PEFC zertifiziert
Dieses Produkt stammt aus nachhaltig bewirtschafteten Wäldern und kontrollierten Quellen.
www.pefc.de

¡HOLA Y BIENVENIDOS!

COMPRENSIÓN AUDITIVA

VAMOS **1** 🎧2 **Escucha los diálogos y completa la tabla. | Höre die drei Dialoge und fülle die Tabelle aus.**

	Habla con...	Es de...	Habla... / Estudia...
Carmen		Granada	
Lucía			inglés y polaco
Fran			
Chema			
Teresa			
Andrés			
Simón			

> Konzentriere dich beim Hören auf das, was du verstehst, und nicht auf das, was du nicht verstehst.

> → Selektives Hörverstehen, S. 184

PASO 1 **2** 🎧3 **¿Qué tal? Escucha y marca con una x la casilla correcta. | Höre zu und kreuze das richtige Kästchen an.**

	☺	☺	☻
Ana	☐	☐	☐
Pablo	☐	☐	☐
Laura	☐	☐	☐
Miguel	☐	☐	☐

PASO 2 **3** 🎧4 **Escucha, después presenta a estas personas. | Höre zu und stelle die Personen vor.**

¿Cómo se llama/n?   ¿Dónde vive/n?   ¿Qué lenguas¹ habla/n y aprende/n?
¿De dónde es/son?   ¿Trabaja/n o estudia/n?   1 **qué lenguas** welche Sprachen

PASO 3 **4** **a)** Welche der unbekannten Wörter auf dieser Internetseite kannst du verstehen? Erstelle eine Tabelle wie im Beispiel unten.

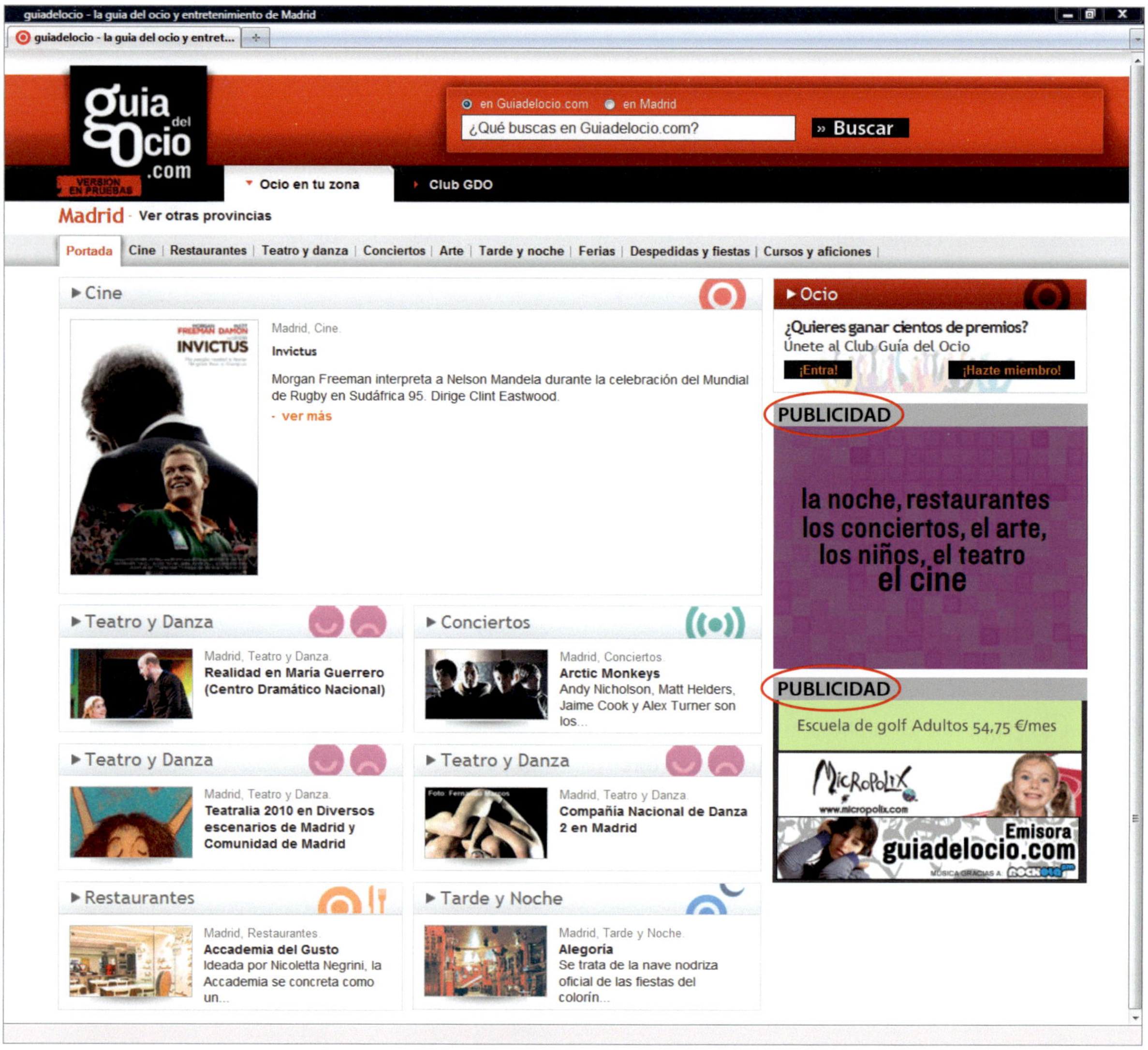

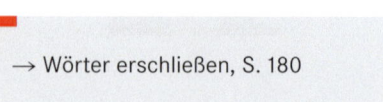

Wort im Text	andere Fremdsprache	Deutsch
cine	Engl.: cinema; Franz.: cinéma, ciné	Kino

b) Beantworte die Fragen.

1. Was ist das für eine Internetseite?
2. Zu welchen Themen gibt es Informationen/Links?
3. Was heißt „Suchen" auf Spanisch?
4. Was bedeutet „PUBLICIDAD"?

→ Wörter erschließen, S. 180

c) Gehe auf die Internetseite „www.guiadelocio.com" und suche dort ein aktuelles Konzert, das dich interessiert.

PASO 2 **5** **Tú charlas con Miguel en una fiesta. | Du unterhält dich mit Miguel auf einer Party in Madrid.**

Mit diesem Tandembogen arbeitet ihr zu zweit. Eine/r ist Miguel, der/die andere spielt sich selbst. Ihr deckt die Hälfte der Seite mit einem Buch oder einem Blatt Papier ab, so dass jede/r von euch nur seine/ihre Spalte sehen kann. Miguel fängt an zu sprechen, danach sprecht ihr immer abwechselnd und korrigiert euch gegenseitig.

Miguel	Tú
Du begrüßt dein Gegenüber.	¡Buenos días! / ¡Hola!
¡Buenos días! / ¡Hola!	Du grüßt zurück.
Du fragst ihn/sie, wie er/sie heißt.	¿Cómo te llamas?
Me llamo _____. Y tú, ¿cómo te llamas?	Du sagst, wie du heißt, und fragst ihn dann, wie er heißt.
Du sagst, dass du Miguel heißt.	Me llamo Miguel.
¿Qué tal?	Du fragst ihn, wie es ihm geht.
Du sagst, dass es dir gut geht und bedankst dich. Dann fragst du ihn/sie, wie es ihm/ihr geht.	Bien, gracias. ¿Y tú (qué tal)?
Bien también.	Du sagst, dass es dir auch gut geht.
Du fragst ihn, welche Sprachen[1] er/sie spricht.	¿Qué lenguas hablas?
Hablo inglés y francés y un poco de español. (Y tú,) ¿También hablas inglés y francés?	Du sagst, dass du Englisch, Französisch und etwas Spanisch sprichst. Dann fragst du Miguel, ob er auch Englisch und Französisch spricht.
Du sagst, dass du kein Französisch sprichst aber ein bisschen Englisch. Dann fragst du ihn/sie, woher er/sie kommt.	No hablo francés pero (hablo) un poco de inglés. (Oye,) ¿De dónde eres?
Soy de Alemania y vivo en _____. Y tú, ¿de dónde eres y dónde vives?	Du sagst, dass du aus Deutschland bist und in _____ (Ort) lebst. Dann fragst du Miguel, woher er stammt und wo er lebt.
Du sagst, dass du aus Mexiko stammst, aber dass du jetzt hier in Madrid lebst.	Soy de México pero ahora vivo aquí en Madrid.
¿Ya trabajas?	Du fragst Miguel, ob er schon arbeitet.
Du sagst, dass du nicht arbeitest sondern zur Schule gehst.	No, no trabajo. Estudio (en el instituto).
¿De verdad? Yo también estudio.	Du rufst interessiert „wirklich?[2]" und sagst, dass du auch zur Schule gehst.
Du verabschiedest dich.	¡Adiós! / ¡Hasta luego!
¡Adiós! / ¡Hasta luego!	Du verabschiedest dich.

1 **welche Sprachen** qué lenguas   2 **wirklich?** ¿De verdad?

PASO 2 **6** a) Presenta a las personas del libro. | Stelle die Personen mit möglichst vielen Details vor.

_____

_____

_____

_____

_____

_____

_____

_____

_____

_____

_____

_____

b) ¿Y tú? | Stelle dich vor.

_____

_____

PASO 3 **7** Escribe un diálogo. | Schreibe einen Dialog, der zu den Zeichnungen passt. Verwende möglichst viele Wörter aus dem Kasten.

¿qué tal?	
¿cómo estás?	¡Hola!
(muy) bien	tú
	regular

¿qué...?	de jamón
	oye
tomar	café
pizza	bocadillo
zumo de naranja	de queso
comer	también
beber	cruasán

	la clase de inglés
pues	
	¿qué es? un poco
(no) comprender	aprender
para	texto

G/1

8 ▶ **VERBEN AUF -AR** ○ | **Busca las formas de los verbos en la sopa de letras. | Finde die Verbformen im Buchstabengitter (→ ↓ ↘).**

t	r	a	b	a	j	o	e	r	l	á	s	e	t	e
r	u	e	z	i	r	e	s	c	o	c	e	x	r	s
a	n	s	h	a	d	f	t	u	h	h	e	r	a	f
s	é	t	d	a	e	l	u	n	d	a	o	t	b	a
h	l	u	p	f	b	i	d	o	e	r	r	e	a	g
b	i	d	a	q	u	l	i	f	í	l	e	l	j	e
l	v	i	g	o	g	r	a	s	h	a	b	l	a	s
a	h	a	b	l	o	d	s	e	s	m	i	s	m	n
r	a	n	e	c	h	a	j	a	n	o	s	f	o	g
t	e	t	r	a	b	a	j	á	i	s	e	r	s	a

(yo) _____   (nosotros/-as) _____

_____   _____

(tú) _____   (vosotros/-as) _____

_____   (ellos/ellas) _____

(él/ella) _____   _____

G/1

9 ▶ **VERBEN AUF -AR** ● | **Completa. | Vervollständige die Sätze mit der richtigen Verbform.**

1. Miguel y Pablo no _____ (trabajar). _____ (estudiar) juntos.

2. Pablo: Miguel, ¿_____ (hablar) francés?

   Miguel: No, no _____ (hablar) francés, pero un poco de inglés.

3. Laura y Ana _____ (charlar) con los amigos en la plaza.

4. Un chico: Chicas, ¿también _____ (estudiar) o ya _____ (trabajar)?

   Ana: No, no _____ (trabajar). Yo _____ (estudiar) en la universidad[1]

   y Laura _____ (estudiar) en el instituto.

5. Miguel _____ (hablar) con un amigo de México.

6. Una chica: Ana, ¿dónde _____ (estudiar)?

   Ana: Aquí en Madrid.

7. «_____ (hablar/nosotros) un poco de italiano pero no _____ (hablar / nosotros) inglés.»

1 **la universidad** Universität

10 ▶ *SER* | Escribe los diálogos. | Schreibe die Dialoge. Verwende in jedem Satz das Verb *ser*.

de	y
México	bienvenidos	ellos
de dónde	Pablo	Laura

hola	
Sevilla	de	no	de	de Ana	ella	quién
aquí	chicas	la hermana		

11 🎧5 ▶ VERNEINUNG | a) Escucha y contesta como en el ejemplo. | Höre die Fragen und antworte wie im Beispiel.

1. → España _No, no es de México, es de España._

2. → Alemania _No,_

3. → Madrid

4. → alemán

5. → ...

6. → un poco de inglés

7. → estudiar

8. → ...

b) Finde je einen Satz in Übung 11 a, in dem *no* eine der folgenden Bedeutungen hat:

nicht →

kein →

$\frac{G}{4}$ **12** ▶ BESTIMMTER ARTIKEL ▶ *VOCABULARIO* | a) Relaciona y completa con el artículo determinado. | Ergänze die fehlenden Zahlen und den bestimmten Artikel.

10	_____	camarero
	_____	camarera
1	_____	mesa
12	_____	silla
7	_____	plato
11	_____	vaso
	_____	bocadillo
	_____	café
	_el_	cliente
	_____	clienta
	_____	periódico
	_____	zumo de naranja

b) Forma el plural de los sustantivos. | Bilde den Plural der Nomen.

_____ las mesas _____   _____   _____

_____   _____   _____

_____   _____   _____

_____   _____   _____

$\frac{G}{1}$ **13** ▶ VERBEN AUF *-IR* ◯ | Completa con la forma correcta del verbo *vivir*. | Setze die richtige Form des Verbs *vivir* ein.

1. Laura y Ana _____ en España.

2. Y vosotros, ¿dónde _____?

3. **Miguel:** Somos de México pero ahora _____ en Madrid.

4. David _____ y trabaja en Bilbao.

5. «Y tú, ¿dónde _____?» – «_____ en Granada.»

6. «¡Muy bien! Nosotros _____ en Granada también.»

$\frac{G}{1}$ **14** ▶ VERBEN AUF *-ER* UND *-IR* | Completa con el verbo correcto. | Welches Verb passt zu den Substantiven? Manchmal gibt es zwei Möglichkeiten.

_____ – un zumo – un café   _____ – un texto – un e-mail

_____ – un periódico – un libro   _____ – en México – en Madrid

_____ – un bocadillo – un cruasán   _____ – italiano – un texto

15 ▶ VERBEN AUF *-ER* UND *-IR* ● | Elige el verbo correcto y escribe las frases. | Wähle das passende Verb und schreibe die Sätze.

1. Los amigos de Pablo (leer / vivir / aprender) en Madrid.

_____

2. Sara (aprender / comer / beber) alemán.

_____

3. Raúl y yo (vivir / escribir / comer) juntos en la cafetería.

_____

4. No hablo francés pero (comer / comprender / vivir) un poco.

_____

5. **Pablo:** Chicas, ¿(vivir / beber / escribir) los textos para la clase de alemán?

_____

6. Miguel (leer / beber / comprender) un zumo de naranja.

_____

7. Y tú, ¿dónde (leer / beber / vivir) los libros? ¿En la cafetería o en el instituto?

_____

16 ▶ SUBJEKTPRONOMEN ○ | Completa con los pronombres sujeto. | Ergänze die passenden Subjektpronomen. Schreibe sie in Klammern.

1. _____ son de México.

2. _____ aprendo español.

3. ¿_____ estudias o trabajas?

4. _____ trabajamos en Madrid.

5. _____ escribe un e-mail.

6. ¿_____ vivís en Barcelona?

17 ▶ FRAGEPRONOMEN | a) Completa las preguntas. Después contesta. | Vervollständige zunächst die Fragen mit einem Fragepronomen. Beantworte dann die Fragen.

¿quién? ¿dónde? ¿qué?
¿de dónde? ¿quiénes? ¿cómo?

1. – ¿_____ es Pablo? – _____ de Madrid.

2. – ¿_____ te llamas? – _____

3. – ¿_____ es Teresa? – _____ de Ana.

4. – ¿_____ vives? – _____

5. – ¿_____ son Ana y Pablo? – _____ de Miguel.

6. – ¿_____ tal? – _____

7. – ¿_____ eres, Javier? – _____ de Sevilla.

8. – ¿_____ escribes? – _____ para la clase de inglés.

b) Haz preguntas. | Stelle fünf Fragen zu den Texten der *Unidad 1*. Verwende dazu unterschiedliche Fragepronomen.

18 **a) Compara.** | Vergleiche die Begrüßungen mit den Szenen im Buch (S. 8 und S. 11). Wie unterscheiden sich die Szenen?

Ah, señora García, buenos días[1], ¿qué tal?

Hola, señor Ruiz, muy buenos días.

Perdone[2] ... ¿usted es la señora Martínez?

No, lo siento[3], me llamo Úrsula Alonso.

Mire, señora López, le presento[4] a la señora Kraus.

Encantada[5]. ¿Qué tal? ¿Usted es de aquí?

No, soy de Alemania, de Hamburgo.

Perdone. Yo soy Teresa González. Usted, ¿cómo se llama?

Soy Roberto Martín, encantado.

1 **Buenos días.** Guten Tag.
2 **Perdone.** Entschuldigen Sie. 3 **Lo siento.** Tut mir Leid.
4 **presentar** vorstellen 5 **Encantado/-a.** Sehr erfreut.

b) ¡A jugar! | Spielt einen Dialog wie in 18 a).

Isabel Villaverde, Córdoba

Pedro Sánchez, Salamanca

Amparo Fernández, La Coruña

Tomás Blanco, Murcia

Marisa Palomar, Alicante

Andrés Luengo, San Sebastián

AUTOCONTROL

$\frac{G}{6}$

1 Forma palabras. | Bilde die Substantive und schreibe sie mit dem bestimmten Artikel auf.

aero	ho	insti	cafe	ja	boca	teca	gas		gui	se
tuto	flau	puerto	ami	cos		tarra	dillos	ta	chi	disco	tería
		món		cla				teles		

_____   _____   _____

_____   _____   _____

_____   _____   _____

_____   _____   _____

$\frac{G}{8}$

2 a) Relaciona. | Verbinde mit Pfeilen.

1. ¿Dónde	es	Miguel?
2. ¿Cómo	escribe	alemán?
3. ¿De dónde	se llama	Laura en la plaza?
4. ¿Quién	estudian	la hermana de Ana?
5. ¿Qué	aprende	Pablo y Miguel?

b) Contesta las preguntas. | Beantworte die Fragen.

1. _____

2. _____

3. _____

4. _____

5. _____

$\frac{G}{4}$
$\frac{G}{5}$

3 Completa las frases. | Vervollständige die Sätze mit dem bestimmten oder dem unbestimmten Artikel, wo es notwendig ist.

1. Pablo y Miguel son _____ amigos.

2. Estudian juntos en _____ instituto «Lope de Vega».

3. Laura y Ana, _____ amigas de Miguel y de Pablo, también estudian.

4. _____ hermana de Ana se llama Teresa.

5. Ella no estudia. Trabaja en _____ hotel en Madrid.

6. _____ amigos toman algo en _____ cafetería en _____ Plaza de Neptuno.

7. _____ cafetería se llama «Vips».

8. Laura toma _____ café y Pablo _____ zumo de naranja.

9. _____ chicos beben y charlan.

UNIDAD 2 LA FAMILIA Y LOS AMIGOS

COMPRENSIÓN AUDITIVA

VAMOS **1** 🎧6 **Escucha y completa. | Höre zu und ergänze die Visitenkarten.**

Teresa Rodríguez Álvarez

Avda. Villamayor, 3, 2°B

28051 Madrid

Teléfono: 91 98 35 27 02

e-mail: _____@terra.es

Carlos Nuñez Villanueva

C/ Palomar, 26

_____

Teléfono: 95 64 73 80 5

e-mail: carlos-villa74@mundo.es

Avenida de Portugal, 58, 1°D

08031 Barcelona

Teléfono: 93 85 17 16 85

e-mail: gloria.vidal@yahoo.es

Pedro Osuna García

C/ Santander, 55

48009 Bilbao

Teléfono: _____

e-mail: osuna24@yahoo.es

Mercedes Vergara Vicente

37008 Salamanca

Teléfono: 932 45 36 28 7

e-mail: merche@red.es

PASO 2 **2** 🎧7 **Escucha y marca la respuesta correcta. | Höre zu und kreuze die richtige Antwort an.**

	richtig	falsch	nicht im Text
1. Miguel es estudiante en el instituto «Canalejas».	☐	☐	☐
2. Vive cerca del instituto.	☐	☐	☐
3. Hay una estación de metro cerca de su casa.	☐	☐	☐
4. Dos de sus compañeros son de Barcelona y dos son de Sevilla.	☐	☐	☐
5. Uno de sus compañeros se llama Jordi.	☐	☐	☐
6. María tiene diecisiete años y es de Barcelona.	☐	☐	☐
7. Ella tiene una hermana en Costa Rica.	☐	☐	☐

PASO 3 **3** 🎧8 **Escucha y contesta: ¿Con quién viven estas personas? | Höre zu und beantworte die Frage: Mit wem wohnen die Personen?**

1 _____
_____
_____

2 _____
_____
_____

3 _____
_____
_____

4 _____
_____
_____

→ Globales Leseverstehen, S. 184

PASO 2 **4** **a) ¿De qué trata el texto? | Worum geht es in dem Text?**

Myspace, facebook, twitter… La comunicación en Internet es hoy la forma moderna de comunicarse. En muchos países *facebook* ya forma parte del día a día[1]
5 de millones de personas. Amigos, estudiantes, padres, abuelos, fans… todos utilizan el Internet para enviar[2] e-mails, fotos, textos y cartas o intercambiar[3] ideas, vídeos o música con amigos en
10 todo el mundo.
«Hasta mi abuelo tiene un ordenador[4]», dice[5] Pedro. «Mis padres viven lejos.

Ellos, en Sevilla, yo, en Bilbao. Les envío e-mails todo el tiempo, les enseño mis
15 fotos… es una forma muy sencilla de interactuar con la familia y con amigos que viven lejos. O conocer gente. ¡Y puedo jugar al ajedrez[6] con mi abuelo!» Ya para muchos jóvenes[7] comunicarse
20 por Internet es como una religión: se pasan los días enfrente de la pantalla: actualizan sus fotos, comentan su vida o lo que pasa en el mundo, invitan a amigos a tomar algo por la noche…

1 **el día a día** Alltag 2 **enviar** (ver-)schicken 3 **intercambiar** austauschen 4 **el ordenador** Computer 5 **decir** sagen 6 **el ajedrez** Schach 7 **el/la joven** Jugendliche/r

b) ¿Para qué utiliza la gente el Internet? | Wofür nutzen die Leute das Internet? Markiere die Stellen im Text.

c) ¿Y tú? | Welche der im Text genannten Möglichkeiten nutzt du?

PASO 3 **5** **a) Mira el folleto. ¿Qué ofrece el hotel? | Sieh dir den Prospekt an und beschreibe das Angebot des Hotels auf Deutsch.**

→ Wörter erschließen, S. 180

Parador de **Ceuta** ★★★★

b) ¿Dónde está el hotel? Busca el lugar en el mapa de España. | Wo befindet sich das Hotel? Suche den Ort auf der Spanienkarte im Buch.

 **SERVICIOS GENERALES**
- Aire acondicionado
- Antena parabólica
- Ascensor
- Bar
- Cambio de moneda
- Distancia a aeropuerto: 100 km.
- Distancia a estación ferrocarril: 40 km.
- Distancia a puerto: 2 km.
- Jardín
- Parking (Sin vigilancia, plazas limitadas)
- Restaurante
- Salón de conferencias
- Tarjetas de crédito

 **HABITACIONES**
- Caja fuerte
- Habitaciones con salón: 29
- Habitaciones Dobles: 67
- Habitaciones Dobles (cama de matrimonio): 4
- Habitaciones Individuales: 6
- Minibar
- Plazas: 206
- Teléfono en habitaciones
- Televisión

OCIO Y RELAX
- Piscina de temporada

VAMOS **6** A contar. | Zählt rückwärts von 60 bis 1. Bei jeder vierten Zahl müsst ihr anstatt der Zahl einen der Ausdrücke sagen.

PASO 2 **7** Llamas a un amigo o a una amiga para quedar para la tarde. | Du rufst eine/n Freund/in an, um dich mit ihr/ihm für den Abend zu verabreden.

*Mit diesem Tandembogen arbeitet ihr zu zweit. Eine/r ist **A**, der/die andere ist **B**. Ihr deckt die Hälfte der Seite ab, so dass jede/r von euch nur seine/ihre Spalte sehen kann. Sprecht abwechselnd und korrigiert euch gegenseitig.*

A	B
Du begrüßt deine/n Freund/in und fragst, wo er/sie gerade ist.	¡Hola! ¿Dónde estás?
Estoy en la Plaza de España, en una cafetería.	Du bist auf der Plaza de España, im Café.
Du fragst, wie es ihm/ihr geht.	¿(Y) Qué tal?
Pues, fatal. Estoy con mis compañeros del instituto, tenemos que estudiar mucho / un montón.	Gar nicht gut. Du bist mit deinen Klassenkameraden zusammen, ihr müsst eine Menge lernen.
Du fragst, ob die Leute (*chicos*) aus Barcelona auch da sind.	¿Están los chicos de Barcelona allí también?
Sí, y también Teresa, la chica de Sevilla.	Ja, und auch Teresa, das Mädchen aus Sevilla.
Du hast heute Abend Zeit und schlägst vor, euch auf dem Platz mit Carlos zu verabreden um zu reden.	Oye, por la noche tengo tiempo, podemos quedar con Carlos en la plaza para charlar.
¿(Qué) Carlos? ¿De quién hablas?	Welcher Carlos? Von wem redest du?
Von deinem Cousin aus Cáceres.	De mi primo de Cáceres.
¿Cuántos años tiene tu primo?	Du fragst, wie alt der Cousin ist.
Er ist 22 Jahre alt. Er wohnt in Cáceres, aber möchte jetzt in Madrid studieren. Er hält es in Cáceres nicht mehr aus, die Stadt ist sehr klein.	Tiene veintidós años. Vive en Cáceres, pero ahora quiere estudiar en Madrid. Ya no aguanta más en Cáceres, es una ciudad muy pequeña.
¡Estupendo! / Muy bien. Entonces quedamos hoy en la plaza. Pero primero tengo que volver a casa. Mis padres vuelven hoy y queremos cenar juntos.	Du findest die Idee prima und verabredest dich heute auf dem Platz. Aber zuerst musst du nach Hause gehen. Deine Eltern kommen heute zurück und ihr wollt gemeinsam zu Abend essen.
Du schlägst vor, dass dein/e Freund/in jetzt nach Hause geht und ihr euch danach verabredet.	Pues, entonces vuelves a casa ahora y quedamos después, (¿vale?)
Sí. / Muy bien. / Vale. Entonces, ¡hasta luego!	Du bist einverstanden und verabschiedest dich.

VAMOS 8 Quieres pasar un año en España. Escribe un e-mail a una familia española y preséntate. | Du möchtest ein Jahr in Spanien verbringen. Schreibe deiner Gastfamilie und stelle dich vor!

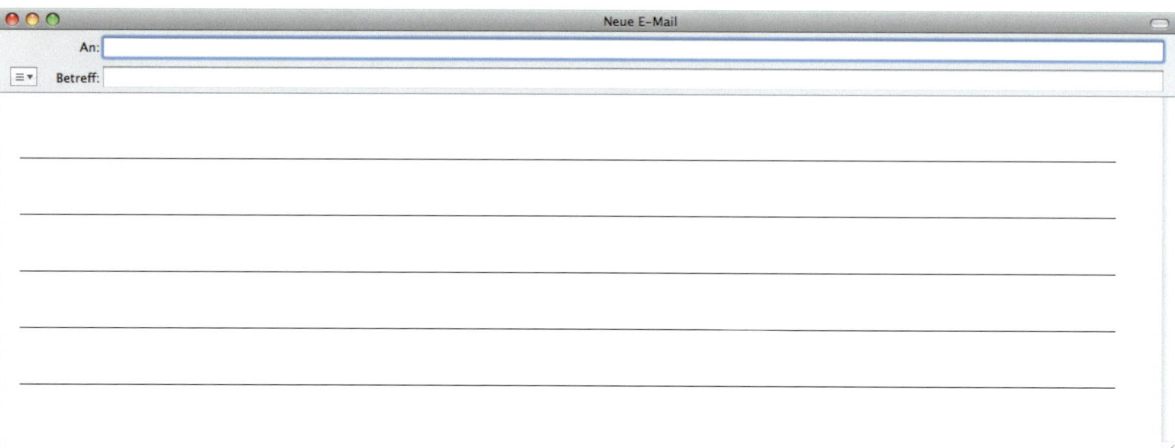

PASO 3 9 a) Haz un árbol genealógico de esta familia española. Inventa los nombres. | Zeichne den Stammbaum dieser spanischen Familie in dein Heft (vgl. Buch Seite 29). Erfinde Namen.

b) Escribe un texto desde la perspectiva de una de estas personas. | Schreibe einen Text aus der Sicht einer der Personen und stelle die Familie vor.

Ejemplo: Me llamo Marco. Tengo 19 años. Tengo una hermana y un hermano. Mi hermano se llama Rafael y tiene 14 años. Sus aficiones son leer y nadar. ...

PASO 3 10 a) Erstelle in deinem Heft ein Wortfeld mit den passenden Adjektiven.

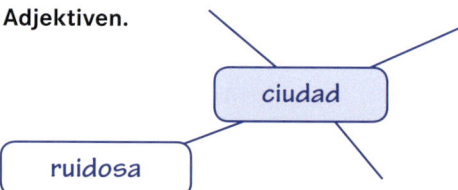

ciudad

ruidosa

b) Describe la ciudad que ves en el dibujo. | Beschreibe die Stadt auf dem Bild.

11 ▶ *VOCABULARIO* | Marca las 17 aficiones. | Suche die Hobbys im Buchstabengitter (→↓). Ein Hobby kann auch aus mehreren Wörtern bestehen.

Q	X	T	A	C	J	V	O	L	E	I	B	O	L	Z	O	P	Q	M	E
P	T	O	W	O	P	A	L	Q	U	E	A	P	I	S	O	P	U	O	C
E	S	C	U	C	H	A	R	M	Ú	S	I	C	A	E	A	I	I	N	R
L	P	A	C	I	C	A	U	F	S	I	L	N	O	T	V	N	R	T	D
Í	R	R	O	N	A	M	B	N	A	D	A	R	X	E	I	T	O	A	A
C	O	L	F	A	S	A	I	N	T	J	R	O	Q	N	L	A	N	R	L
U	F	A	E	R	A	G	O	R	E	E	S	Q	U	I	A	R	M	A	P
L	E	B	G	W	S	O	Y	M	N	O	A	U	Y	S	M	X	I	C	A
A	S	A	I	C	A	N	T	A	R	Y	L	E	A	R	A	F	V	A	O
S	O	T	O	I	G	O	L	S	G	E	S	N	H	R	L	Ú	L	B	W
D	L	E	E	R	G	I	B	Z	R	Z	A	T	C	H	A	T	E	A	R
E	A	R	O	I	Z	R	S	U	I	F	F	G	T	H	J	B	A	L	I
R	S	Í	K	B	M	M	B	A	L	O	N	C	E	S	T	O	S	L	E
C	O	A	U	R	T	I	O	E	P	Q	A	W	A	K	L	L	X	O	T
E	X	U	T	O	M	A	R	F	O	T	O	S	U	S	R	N	G	B	O

G/9 G/10

12 ▶ *ESTAR/HAY* | Completa las frases con una forma del verbo *estar* o con *hay*. | Vervollständige die Sätze mit einer Form von *estar* oder mit *hay*.

> En la Calle Goya <u>hay</u> **un** bar. (*es gibt*)
> En la Calle Goya <u>está</u> **el** bar «Limón».
> (*ist, befindet sich*)

En Madrid _____ un montón de estaciones de

metro. Miguel y Enrique _____ ahora en la estación de «Goya». Suena el móvil de Laura.

Miguel: Oye, Laura, Enrique y yo _____ cerca de tu casa. Y tú, ¿_____ allí?

Laura: Sí, de momento _____ en casa. Y vosotros, ¿ya _____ en mi calle?

Miguel: No. _____ en la calle Goya. _____ una biblioteca aquí cerca. Y

también _____ una cafetería.

Laura: Ah sí, allí _____ la cafetería «La Habana». Podemos quedar allí.

Poco después los chicos _____ juntos en la cafetería. Allí _____ un montón de

estudiantes. Los chicos hablan de la familia de Miguel y Enrique.

Laura: ¿Dónde vive vuestro padre?

Enrique: En México. Pero nuestra madre _____ aquí. Y nuestro primo Juan

_____ en Salamanca.

Miguel: Y en mi curso _____ dos chicas de México.

13 ▶ **KONTRAKTION *DEL*** | Completa las frases con *de* y el artículo determinado. | Vervollständige die Sätze mit *de* und einem bestimmten Artikel.

> de + el = del

1. Ana, Laura, Pablo y Miguel son los chicos _____ libro *A_tope.com*.

2. Miguel juega al baloncesto después _____ clases.

3. Ana quiere estar con sus amigos después _____ exámenes.

4. El novio _____ prima de Ana es de Segovia.

5. Tres estudiantes _____ curso de Ana también son de Sevilla.

6. Los padres _____ compañera de Ana viven en Colombia.

7. El chico _____ bar «Limón» se llama Andrés.

8. Aquí están los números _____ chicas _____ discoteca «Luna».

14 ▶ **POSSESSIVBEGLEITER** | Completa las frases con los determinantes posesivos. | Vervollständige die Sätze mit den Possessivbegleitern.

1. Laura estudia a veces con _____ amiga.

2. Miguel: Oye, Laura, ¿de dónde son _____ primos Mariela y Adrián?

   Laura: _____ primos son de Barcelona.

3. Laura: Mariela, ¿_____ novio es de Barcelona?

   Mariela: No. _____ novio es de Valencia.

4. – «Chicos, esta es _____ (de vosotros) profesora de inglés, ¿verdad?»

   – «No, _____ (de nosotros) profesora ya es muy mayor.»

5. Miguel: _____ padre vive en México.

6. «Mira, ella es Teresa. _____ aficiones son chatear y nadar.»

7. «Vivimos cerca de _____ instituto. _____ amigos también viven cerca.»

8. Ana vive con _____ compañeros de piso en el centro.

9. «¿Coméis con _____ (de vosotros) compañeros de curso?»

10. Laura: _____ instituto está lejos.

15 ▶ **GRUPPENVERBEN (*E → IE, O → UE*)** ◯ | Completa la tabla. | Vervollständige die Tabelle und markiere die Formen mit Vokalwechsel farbig.

> Die 1. Person Singular von *tener* und *tener que* ist unregelmäßig!

	querer	pensar	tener	poder	volver
yo					v**ue**lvo
tú			t**ie**nes		
él/ella/usted					
nosotros/-as	queremos				
vosotros/-as				podéis	
ellos/ellas/ustedes		p**ie**nsan			

$\frac{G}{13}$ **16** ▶ GRUPPENVERBEN (*E → IE*) ● | Completa con la forma correcta de los verbos. | Vervollständige die Sätze.

1. – ¡Hola, Ana! ¿_____ (querer) quedar en la plaza? Raúl _____ (querer)

   jugar al fútbol con sus amigos y yo _____ (tener) tiempo.

   – Pues, muy bien. Pero no _____ (querer) escuchar otra vez tus problemas con Raúl,

   ¿vale? Y primero _____ (tener que) volver a casa para cenar.

2. – ¿Qué pasa? ¿En qué _____ (pensar / vosotros)?

   – _____ (pensar) en el examen de mañana, _____ (tener que) estudiar un

   montón.

3. – Chicos, ¿_____ (querer) jugar al voleibol?

   – No, hoy no _____ (tener / nosotros) tiempo.

4. – ¿_____ (tener / tú) el número de teléfono de Andrés?

   – Sí, _____ (tener) su número, es el 96 74 86.

$\frac{G}{13}$ **17** ▶ GRUPPENVERBEN (*O → UE*) ● | Escribe un texto para el cómic. Puedes utilizar: | Schreibe einen Text zu dem Comic. Verwende:

Sonar el móvil de Laura.　　　　　　　　　　　　«¿*Poder* leer el texto, por favor?»

　　«¡Laura! ¡En clase no *poder* hablar con tus amigos por móvil!»

　　　　　　　　　　«Hoy no *poder* quedar. Mis padres *volver* por la noche.»

18 ▸ **GRUPPENVERBEN (E → IE, O → UE, U → UE) ●** | Completa las frases con la forma correcta de los verbos. | Vervollständige die Sätze mit der richtigen Verbform.

1. Laura _____ (pensar) mucho en su novio Raúl.

2. Raúl siempre _____ (querer) jugar al fútbol.

3. Laura siempre _____ (volver) con Raúl.

4. _____ (tener / yo) planes para el verano.

5. ¡Hola, chicos! ¿Qué tal? ¿_____ (jugar) al baloncesto con nosotros?

6. _____ (sonar) el móvil de Laura. Es Pablo.

7. ¡Hola, soy Miguel! ¿_____ (poder) hablar con Ana?

8. Tu primo _____ (tener) 33 años, ¿verdad?

9. Rafa y sus amigos siempre _____ (jugar) al fútbol.

10. ¿_____ (tener / tú) tiempo hoy? _____ (poder / nosotros) quedar.

11. _____ (pensar / nosotros) en nuestros planes para el verano.

12. ¿_____ (volver / vosotros) en verano?

13. ¿_____ (querer / vosotros) comer un bocadillo en la cafetería?

14. ¿_____ (poder / nosotros) comer aquí en la plaza?

15. A veces los móviles _____ (sonar) en clase.

19 ▸ *CUÁNTOS/CUÁNTAS* | a) Completa las preguntas con *cuántos* o *cuántas* y contesta las preguntas. | Vervollständige die Sätze mit *cuántos* oder *cuántas* und beantworte die Fragen.

1. ¿_____ chicos hay en tu clase?
   En mi clase hay... _____

2. ¿_____ chicas hay en tu clase?
   _____

3. ¿_____ alumnos hay en tu clase?
   _____

4. ¿_____ profesores tenéis?
   _____

5. ¿_____ unidades tiene tu libro de español?
   _____

b) Formula tres preguntas más. Tu compañero/-a contesta. | Formuliere drei weitere Fragen. Dein/e Mitschüler/in antwortet.

1. ¿_____?

2. ¿_____?

3. ¿_____?

20 ▶ *VOCABULARIO* | a) Lee las adivinanzas y encuentra las soluciones. | Lies die Rätsel und finde die Lösungen.

> Yo tengo una tía
> y mi tía una hermana.
> Ella no es mi tía.
> ¿Quién es?
>
> 1
>
> _____

> Los hijos de tus abuelos,
> esos hijos, entre ellos, ¿qué son?
>
> 2
>
> _____

> De tus tíos es hermano,
> y es hijo de tus abuelos.
> ¿Quién es?
>
> 3
>
> _____

b) Inventa una adivinanza para tus compañeros. | Erfinde ein Rätsel und stelle es deinen Mitschülern.

G 16

21 ▶ ADJEKTIVE | Completa el texto con la forma correcta del adjetivo. | Vervöllständige den Text.

Laura es una chica muy _____ y también bastante _____ . Vive con su padre y la compañera de él en un piso _____ de la calle Hermosilla. Las habitaciones son _____ , pero bastante _____ y tienen una vista _____ sobre la ciudad. La calle es muy _____ , pero cerca hay una estación del metro y esto para Laura es _____ .	tranquilo/-a guapo/-a moderno/-a confortable pequeño/-a fantástico/-a ruidoso/-a genial

G 17

22 ▶ *MUCHO/POCO* | a) Compara las frases. | Vergleiche die Sätze. Was unterscheidet die fettgedruckten Wörter bei a) von denen bei b)? Um was für Wortarten handelt es sich jeweils?

a) Miguel aprende **mucho**.   a) Pablo come **poco**.   _____

b) Miguel aprende **muchas** palabras.   b) Pablo come **pocos** bocadillos.   _____

b) Completa las frases con una forma de *mucho* o *poco*. | Es passen immer beide Wörter.

1. Los chicos comen _____ bocadillos en la cafetería de la plaza.

2. Laura escribe _____ cartas, pero su novio escribe _____ .

3. Los padres de Miguel trabajan _____ .

4. _____ profesores del instituto ya son mayores.

5. Pablo quiere jugar _____ al fútbol.

6. _____ gente de la familia está en la boda de Juan y Elena.

7. En la boda la gente bebe _____ , ¿verdad?

8. Hay _____ habitaciones confortables y tranquilas en el hotel.

9. Ana habla _____ en la clase de inglés.

10. Enrique piensa _____ en su novia.

23 🎧9 Escucha los mensajes en el contestador automático y anota los datos. I Höre die Nachrichten auf dem Anrufbeantworter und notiere die Namen, Telefonnummern und E-Mail-Adressen der Anrufer.

→ Selektives Hörverstehen, S. 184

1.

2.

3.

4.

24 Repetid la escena y deletread los apellidos. I Spielt die Szene nach und buchstabiert die Nachnamen.

Diga.

Buenos días. Soy Martina Hommers de SONDERBERG, S.A. ¿Está el señor López?

Buenos días, señora. A ver, ¿puede deletrear[1] su apellido, por favor?

H-O-M-M-E-R-S

Gracias. Un momento, ahora se pone[2].

1 **deletrear** buchstabieren 2 **ahora se pone** *hier etwa:* ich verbinde Sie

Teresa Martínez Rojas, RED-X

Sten Johansson, NORDQUIST

Jorge Xativa Granjas, GIRASOL

Sabine Zimmermann, MEDIDENT

Laurent Blanc, LE MONDE

Jane McBride, DOVER POST

AUTOCONTROL

$\frac{G}{9}$
$\frac{G}{10}$

1 Completa el texto con *ser*, *estar* y *hay*. | Vervollständige den Text mit den entsprechenden Formen von *ser*, *estar* und *hay*.

1. – Yo _____ de Alemania. Y tú, ¿de dónde _____?

   – _____ de España, de Galicia.

2. – ¿Dónde _____ Galicia?

   – _____ en el norte de España. Galicia _____ muy bonita.

3. – ¿Dónde _____ tus hermanos?

   – _____ en el instituto.

4. En la calle Mayor _____ una discoteca. _____ una discoteca muy grande.

5. En la Plaza Nueva _____ la cafetería «Sol».

6. _____ muchos coches en el centro de la ciudad.

7. – ¿_____ la hermana de Sara?

   – No, yo _____ su prima. La hermana de Sara _____ allí.

$\frac{G}{12}$

2 Completa las frases con los determinantes posesivos. | Vervollständige die Sätze mit den Possessivbegleitern.

Pablo y Miguel están en casa de Miguel.

Pablo: Oye, Miguel, ¿tienes fotos de tu familia en México?

Miguel: Sí, claro, mira. Este es Enrique, _____ hermano y este es _____ padre.

Pablo: ¿Y quién es ella? ¿_____ madre?

Miguel: Sí, ella es _____ madre con _____ amiga.

Pablo: ¿Y esta es _____ casa?

Miguel: Sí, exacto, esta es _____ casa.

Pablo: Y también tenéis un perro[1] ...

Miguel: Sí, este es _____ perro. Se llama Drago.

Pablo: ¿Y quiénes son ellos?

Miguel: _____ primos. Se llaman Ixca y Chamanec.

Pablo: ¡Qué nombres!

Miguel: Son nombres de los aztecas.

Pablo: Bueno, ¿y ellos son _____ padres?

Miguel: No, pero tengo una foto de _____ padres. ¿Dónde está? Ah, aquí está.

1 **el perro** Hund

COMPRENSIÓN AUDITIVA

VAMOS 1 🎧10 Escucha los diálogos y completa la tabla. | Höre die Dialoge und fülle die Tabelle aus.

diálogo	¿Qué día es hoy?	¿A qué hora empieza ___ / quedan?	¿Cuándo abre ___?	¿Qué empieza/abre?
1				
2				
3				
4				
5				

PASO 1 2 🎧11 Practica la pronunciación y el nuevo vocabulario. Escucha y repite las frases.

1. ¡Hola! Necesito hacer una llamada telefónica.
2. ¿Cuándo empiezan tus prácticas en la empresa «Arroba»?
3. De lunes a viernes desayuno en la cafetería de la esquina.
4. ¿Cuándo es el próximo festivo? Es el 6 de diciembre, ¿verdad?
5. Los lunes abrimos desde las nueve de la mañana hasta las siete y media de la tarde.

> Unterstreiche die Stellen, die dir schwer fallen.

PASO 2 3 🎧12 a) Escucha y marca todas las respuestas correctas. | Höre zu
DELE und kreuze alle richtigen Antworten an.

→ Globales Hörverstehen, S. 183

Los chicos hablan...
- [ ] del instituto.
- [ ] de películas.
- [ ] del cine.
- [ ] de sus problemas.
- [ ] de la hora de la película.
- [ ] de sus padres.
- [ ] de los exámenes.
- [ ] de música.

🎧12 b) Escucha otra vez y marca las respuestas correctas.

→ Selektives Hörverstehen, S. 184

1. Es...
- [ ] lunes.
- [ ] viernes.
- [ ] sábado.
- [ ] jueves.

2. Van a ver una película...
- [ ] americana.
- [ ] alemana.
- [ ] española.
- [ ] italiana.

3. Van a ver una película con...
- [ ] Matt Damon.
- [ ] Javier Bardem.
- [ ] Penélope Cruz.
- [ ] Paz Vega.

4. Van a ver la película en el...
- [ ] Cinebox Plaza Norte.
- [ ] Cinebox Alcalá Norte.
- [ ] Cinebox Parque Corredor.
- [ ] Multicine Parque Corredor.

5. Van...
- [ ] en autobús.
- [ ] en coche.
- [ ] en metro.
- [ ] a pie.

6. Ven la película...
- [ ] a las cuatro y cuarto.
- [ ] a las seis y cuarto.
- [ ] a las ocho y media.
- [ ] a las cinco y media.

PASO 2 **4** **a) Sieh dir das TV-Programm an und markiere alle Sendungen, bei denen du verstehst, worum es geht. Erkläre sie dann deinem/deiner Mitschüler/in auf Deutsch.**

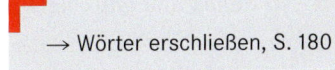
→ Wörter erschließen, S. 180

tve ❶	**tve ❷**	**CANAL+**
06.30 **Telediario matinal.** *Informativo.*	06.00 **Teledeporte.** *Deporte.*	11.35 **Cinexprés**
09.00 **Los desayunos de TVE.** *Informativo.*	07.30 **UNED.** *Divulgativo.*	12.10 **Así se rodó…**
10.15 **La mañana de La 1.** *Magazine.*	08.00 **Los conciertos de La 2.** *Musical.*	13.30 **Hung.** *Amigos raros.*
14.00 **Informativo territorial**	09.35 **Agrosfera.** *Informativo.*	14.00 **NBA Live**
14.30 **Corazón.** *Magazine.*	10.30 **En lengua de signos.** *Informativo.*	14.15 **Más deporte**
15.00 **Telediario.** *Informativo.*	11.00 **Parlamento.** *Informativo.*	14.30 **Roma criminal**
16.05 **El tiempo**	12.00 **El club de Pizzicato.** *Infantil.*	15.30 **Cine.** *The Spirit* **
16.15 **Amar en tiempos revueltos**	12.50 **Palabra por palabra.** *Concurso.*	EE.UU., 2008.
NOVELA Alfonso come en exceso para reba-sar el peso admitido en su categoría y no tener que competir.	Francine Gálvez y Xosé Castro.	Director: Frank Miller.
	13.10 **Tendido cero.** *Taurino.*	Int.: Scarlett Johansson, Samuel L.
	13.45 **Sorteo Lotería Nacional.** *Concurso.*	Jackson.
17.00 **Bella Calamidades**	14.00 **Juegos paralímpicos Vancouver 2010.** *Deporte.*	17.10 **Cine.** *El truco del manco* **
NOVELA Priscila entra al cuarto de Marcelo y le dice que quiere estar con él; éste la echa sutilmente.	14.45 **Documental.** *Documental.*	España, 2008.
	15.30 **Programa tarde Premier/ACB.** *Deporte.*	Director: Santiago A. Zannou.
17.35 **En nombre del amor**	18.00 **Baloncesto Liga ACB**	Int.: Juan Manuel Montilla, Ovono
NOVELA Tras oficiar su primera misa después del juicio, Cristóbal anuncia que Pa-loma es su hija.	Caja Laboral – Regal Barcelona	Candela.
	20.00 **Magazine Champions League.** *Deporte.*	19.10 **Mad Men**
18.25 **España directo.** *Informativo.*	20.30 **Documental.** *Documental.*	Capítulo 11.
20.00 **Gente.** *Magazine.* Presentado por María Avizanda.	21.30 **No disparen… en concierto.** *Musical.*	20.00 **El día del fútbol**
		21.00 **Fútbol**
21.00 **Telediario.** *Informativo.*	22.30 **Para todos La 2.** *Magazine.* Incluye *Nosotros también,* un programa rea-lizado por personas con discapaci-dad intelectual, con los apoyos pro-fesionales que precisan.	23.35 **Cine.** *Superfumados* *
22.05 **El tiempo**		EE.UU., 2008.
22.15 **Águila Roja**		Dir.: David Gordon Green.
SERIE Intérpretes: David Janer, Inma Cues-la, Myriam Gallego.		Int.: James Franco, Seth Rogen.
	23.30 **La noche temática.** *Reportajes.* Creadores de moda.	01.30 **Canal+ en Hollywood**
23.30 **50 años de…** *Documental.*		01.50 **Cine.** *El incidente* *
01.30 **La noche en 24 horas.** *Informativo.*		EE.UU., 2008.
03.00 **Deporte noche**		Dir.: M. Night.
		Int.: Mark Wahlberg, Zoey Deschanel.

b) Lies die Programmwünsche von Javi, Andrea und David. Nenne Sendungen, die zu ihnen passen.

Soy un aficionado al deporte. Todos los días juego al fútbol o al baloncesto. Pero a veces mis compañeros no tienen tiempo. Entonces veo algo en la tele.

Yo normalmente no veo las películas y tampoco las se-ries. Sólo veo la tele porque hay mucha información. Por la mañana veo las noticias y por la noche también.

Quiero ver una película, pero no tengo tiempo por la noche. A las ocho tengo clase de guitarra.

_____
_____
_____

PASO 3 **5** Tú tienes una entrevista para unas prácticas en una oficina. Haced el tándem.

el señor Romero / la señora Romero	tú
Du begrüßt dein Gegenüber freundlich.	(Muy) Buenos días, ___ .
Buenos días, señor/a Romero. Perdone el retraso.	Du erwiderst die Begrüßung und entschuldigst dich für die Verspätung. (*perdone…*)
Du sagst, dass das halb so schlimm ist. Er/Sie kann seine/ihre Sachen auf den Tisch legen, dann werdet ihr schon anfangen.	No es para tanto. Puedes poner tus cosas aquí en la mesa y ya vamos a empezar.
Gracias.	Du bedankst dich.
Zum Einstieg fragst du nach seinem/ihrem Alter.	¿Cuántos años tienes?
Tengo ___ años.	Du sagst dein Alter.
Du fragst welche Sprachen (*qué lenguas*) er/sie spricht.	¿Qué lenguas hablas?
Hablo alemán, inglés, ___ y un poco de español.	Du antwortest, dass du Deutsch, Englisch, ___ und ein bisschen Spanisch sprichst.
Du fragst dein Gegenüber, was er/sie denn gerne in eurem Büro lernen möchte.	¿Y qué quieres aprender en nuestra oficina?
Quiero aprender a escribir cartas comerciales y a organizar reuniones.	Du sagst, dass du lernen möchtest, wie man Geschäftsbriefe schreibt und Besprechungen organisiert.
Du sagst, dass er/sie sich vorstellen soll, dass er/sie jetzt eine Besprechung organisieren muss (*Imagínate que ahora…*). Was würde er/sie tun?	Imagínate que ahora tienes que organizar una reunión. ¿Qué vas a hacer?
Pues, primero voy a reservar una sala. Después voy a hacer carteles con los nombres de los participantes y voy a fotocopiar los documentos.	Du sagst, dass du zuerst einen Raum reservieren wirst, dann Namenskärtchen mit den Namen der Teilnehmer machen und die Dokumente für die Teilnehmer fotokopieren wirst.
Sehr gut. Aber manchmal machen die Teilnehmer auch Präsentationen.	Muy bien. Pero a veces los participantes también hacen presentaciones.
Entonces también voy a poner un ordenador portátil. Y voy a poner vasos y bebidas en las mesas.	Dann wirst du auch einen Laptop aufbauen. Und du wirst Gläser und Getränke auf die Tische stellen.
Du zeigst deine Zufriedenheit mit dem Gespräch und sagst, dass er/sie nächsten Monat mit dem Praktikum anfangen kann.	Muy bien. Puedes empezar tus prácticas el próximo mes.
Muchas gracias. ¿A qué hora tengo que llegar/empezar por la mañana?	Du bedankst dich und fragst, um wie viel Uhr du am Morgen kommen sollst.
Du sagst, dass er/sie um 8:30 Uhr anfangen kann.	Puedes empezar a las ocho y media.

VAMOS 6 Los planes de Miguel para la semana. Escribe en tu cuaderno qué hace y cuándo lo hace.

lunes	martes	miércoles	jueves	viernes	sábado	domingo
fútbol 18–20	Pablo bar «Limón» 17:30	estudiar con Enrique 15:15–16:15	llamar a los abuelos 23:00	cine 19:45 (Laura, Ana y Pablo)	fiesta en el instituto 22:00	piscina 9:30

PASO 1 7 ○ | Un día en la vida de Merce – una azafata[1]. Escribe el día de Merce en tu cuaderno. | Verwende möglichst viele Wörter aus dem Kasten.

Ejemplo: Se levanta siempre muy temprano, a las cinco y cuarto de la mañana.

por la mañana/tarde/noche   a veces   a la una / a las ___ de la mañana/tarde/noche

al mediodía   (casi) siempre   primero / después / al final

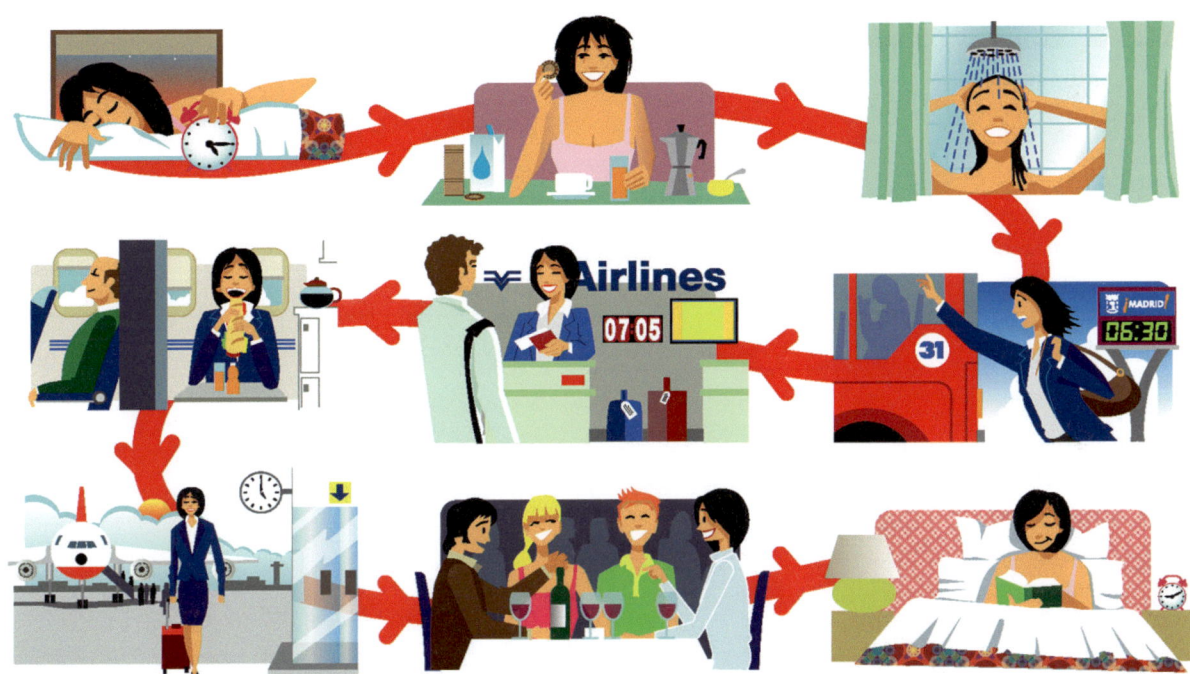

1 **el /la azafato/-a** Flugbegleiter/in, Steward/ess

PASO 1 8 ● | Imagina y escribe el día de una de estas personas en tu cuaderno.

→ Das zweisprachige Wörterbuch benutzen, S. 197

1 **el/la camarero/-a** Kellner/in   2 **el/la peluquero/-a** Friseur/in   3 **el/la artista** Künstler/in

9 ▸ **ZAHLEN | Escribe la hora. Ojo a la ortografía de los números.**

1. `19:51` _Son las ocho menos nueve de la tarde._
2. `09:23` _____
3. `10:30` _____
4. `23:38` _____
5. `10:16` _____
6. `13:11` _____
7. `13:56` _____
8. `14:00` _____
9. `00:26` _____
10. `01:14` _____

10 ▸ *VOCABULARIO* **| Busca los antónimos. Luego escribe una frase con cada una de las palabras o con su antónimo.**

el día _____

_____

levantarse _____

_____

abrir _____

_____

también _____

_____

temprano _____

_____

$\frac{G}{19}$ **11** ▸ **KONJUGATION DER VERBEN** ▸ **REFLEXIVE VERBEN ● | Completa las frases con los verbos y cuenta el día de Laura.**

Hoy _____ (ser) el 12 de octubre. _____ (ser) un día festivo en

España y Laura no _____ (trabajar). Hoy no _____ (tener) prisa.

_____ (levantarse) a las diez. _____ (comer) un bocadillo y

_____ (beber) un zumo de naranja. Después _____ (ducharse) y

_____ (leer) un libro. La compañera de su padre es muy simpática y Laura

_____ (llevarse) muy bien con ella. Al mediodía _____ (comer)

todos juntos. El padre de Laura _____ (quejarse) un poco de su trabajo. Por la tarde ▶

Laura _____ (chatear) y _____ (navegar) en Internet.

_____ (quedarse) todo el día en casa. Por la noche todos _____

(ver) juntos la tele y a las once Laura _____ (acostarse).

G/20 **12** ▶ *IR/VENIR* ◯ |**Practica la conjugación y el uso de *ir* y *venir*.**

Laura vuelve a casa. Ahí está su padre.

Laura: ¿Adónde _____, papá?

Padre: _____ a la oficina. Y tú, ¿de dónde

_____?

Laura: _____ del insti. Pero luego

_____ a casa de Ana. Queremos

_____ a un concierto en el Club Calderón.

Padre: ¿Y quiénes _____ con vosotras?

Laura: Pablo _____ con nosotras también, pero Miguel no.

Padre: Muy bien. Oye, tu tía trabaja en Madrid esta semana. ¿Quieres quedar con ella?

Laura: De acuerdo. ¿Cuándo _____?

Padre: El jueves.

Laura: Puedo quedar con ella en el centro. ¿_____ juntos?

Padre: Sí, buena idea. Hija, tengo prisa, ahora _____ a la oficina, ¿vale? No quiero llegar

tarde.

Laura: Sí, luego se enfada tu jefe...

G/20 **13** ▶ *IR/VENIR* ● | **Dilo en español. Practica el uso de *ir* y *venir*.**

1. Wann kommen deine Freunde?

_____

_____

2. Kommst du morgen zu Pablos Party?

_____

_____

3. Marta kommt immer mit dem Bus zur Arbeit.

_____

_____

4. Ich komme heute Abend zu dir nach Hause.

_____

_____

14 ▶ *POR QUÉ / PORQUE* | **Preguntas y respuestas. Lee el texto de la página 35 del libro del curso. Luego escribe las respuestas a las siguientes preguntas.**

1. ¿Por qué Laura se levanta muy temprano?

_____

_____

2. ¿ Por qué Laura a veces llega tarde a la oficina?

_____

_____

3. ¿Por qué la jefa de Laura se enfada a veces?

_____

_____

4. ¿Por qué Laura no se queja?

_____

_____

$\frac{G}{22}$ **15** ▶ **DIREKTES OBJEKT BEI PERSONEN** | **La vida cotidiana de Eva.** | **Ergänze mit der Präposition *a*, wo es notwendig ist.**

Siempre me levanto temprano. Desayuno _____ un vaso de leche y _____ galletas. A las ocho cojo _____ el autobús y voy a la oficina. Allí escribo _____ cartas comerciales y mando _____ facturas _____ los clientes. A veces también tengo que organizar _____ reuniones. Al mediodía como _____ una ensalada. Por la tarde visito _____ mi amiga Sara y charlo un rato con ella. Por la noche llamo por teléfono _____ mi madre y veo _____ una película en la tele.

$\frac{G}{21}$
$\frac{G}{22}$ **16** ▶ **DIREKTES OBJEKT BEI PERSONEN** ▶ **KONTRAKTION *AL*** | **¿En qué frases tienes que utilizar la preposición *a*? Pon también el artículo si hace falta.** | **Ergänze mit der Präposition *a* und auch mit dem bestimmten Artikel, wo es notwendig ist.**

1. La profesora tiene que llamar _____ padres de Pablo porque su examen está mal.

2. No aguanto _____ clase de inglés. Es demasiado aburrida.

3. Tenemos que recoger _____ primo de mi amigo del instituto.

4. El fin de semana vemos _____ una película con Javier Bardem.

5. ¿Cuándo necesitáis _____ mis deberes?

6. Miguel no ve mucho _____ su familia de México.

7. Laura ya no aguanta _____ novio de su compañera de trabajo.

$\frac{G}{23}$ **17** ▶ *IR A + INFINITIV* | **Mira la agenda de Ana. Después completa el diálogo entre Ana y Laura y escríbelo en tu cuaderno. Utiliza el futuro próximo.**

lunes 25	martes 26	miércoles 27	jueves 28	viernes 29	sábado 30	domingo 31
9-17 prácticas	9-17 prácticas	9-17 prácticas	9-17 prácticas	9-17 prácticas		20:30 ir al cine con
estudiar para el examen de Empresariales	19-21 clase de salsa	cocinar y cenar con los compañeros de piso	fiesta en la oficina con los compañeros de trabajo	llega Silvia de Sevilla	¿?	Pablo y Miguel

Laura	Ana
¿Cuándo quedamos esta semana?	Esta semana no puedo, tengo mis prácticas.
Pero no tienes prácticas por la noche. ¿Qué tal el lunes a las ocho?	No, ___
¿Y el martes?	Tampoco, ___
¿Y qué tal ___?	___
¿___?	___
¿___?	___
¿___?	¡Sí! El sábado puedo.
¡Qué bien! ¿Entonces a las ocho en el bar «Limón»?	No, prefiero ___
Vale. Entonces ___	

$\frac{G}{24}$ **18** ▶ *HACER/PONER/SALIR* | **Un correo de Eva a su amiga Elena. Practica la conjugación de los verbos entre paréntesis.**

Para: elena91@terra.es
Asunto: Saludos

Hola, Elena, ¿qué tal?

Por aquí todo bien. Mi vida cotidiana es tranquila: a las ocho _____ (salir) de casa y a veces tengo que correr para llegar puntual. En la oficina _____ (hacer) llamadas telefónicas y _____ (poner) fax. Por la tarde _____ (salir / nosotros) a las seis y entonces voy a casa...

Y tú, ¿qué _____ (hacer) normalmente? ¿Y a qué hora _____ (salir / tú) del trabajo? Y tu amigo Javier, ¿qué _____ (hacer / él)? ¿Todavía _____ (salir / vosotros)?

Bueno, a ver si _____ (salir / nosotras) un día juntas...

Besos, *Eva*

19 Mira la agenda[1] de la señora López, jefa de departamento[2] de la empresa de modas[3] «Marlena Martín». Describe su semana. Utiliza:

tener	tener que	ir a + infinitivo	querer + infinitivo

Lunes	9:30-16:30	*Conferencia[4] en el hotel «El Príncipe»*
Martes	10:00-12:00	*Entrevistas para prácticas. 4 personas*
	12:30-14:00	*Reunión con el departamento de marketing*
	18:35	*Vuelo[5] a Mánchester*
Miércoles	todo el día	*Feria[6] de moda «Day & Night»*
	20:30	*Cena[7] con el gerente general[8] de Bigfoot Ltd.*
Jueves	9:00-11:00	*Desayuno[9] con Chris Watts, diseñador[10]*
	14:25	*Vuelo a Barcelona*
Viernes	10:30	*Cita[11] con Martina Hommers, Sonderberg S.A.*
	14:00	*Preparar la presentación del lunes*
Sábado	10:00-11:30	*Clase de francés*
	15:30	*Ir a la piscina con Claudia y Merche*
Domingo	16:00	*Café con Silvia*
	21:15	*Teatro con Antonio*

1 **la agenda** Terminkalender 2 **el departamento** Abteilung 3 **la moda** Mode 4 **la conferencia** Konferenz 5 **el vuelo** Flug
6 **la feria** Messe 7 **la cena** Abendessen 8 **el/la gerente general** Geschäftsführer/in 9 **el desayuno** Frühstück
10 **el/la diseñador/a** Designer/in 11 **la cita** Termin

20 a) Lee el diálogo entre la señora Hommers y la señora López. Es la continuación de la escena del ejercicio 24, página 22. | Erkläre deinem/deiner Mitschüler/in auf Deutsch, worum es in dem Text geht.

→ Wiedergeben bzw. Zusammenfassen von Textinhalten: Spanisch → Deutsch, S. 197

Sra. López: Diga.
Sra. Hommers: Buenos días, señora López. Habla Martina Hommers de Sonderberg S.A.
Sra. López: Muy buenos días, señora Hommers. ¿En qué le puedo
5 ayudar?[1]
Sra. Hommers: Me gustaría[2] hacer una cita con usted esta[3] semana si[4] es posible[5]. Voy a llegar a Barcelona esta tarde y me voy a quedar hasta el viernes.
Sra. López: Pues perfecto. Le puedo ofrecer[6] una cita mañana a las cuatro de la tarde.
Sra. Hommers: Pues, justamente[7] mañana no puedo por la tarde. ¿Qué tal[8] el
10 miércoles?
Sra. López: Lo siento[9]. El miércoles voy a estar en una feria de modas en Mánchester. Voy a volver a Barcelona el jueves por la tarde.
Sra. Hommers: Entonces, ¿qué tal el viernes por la mañana?
Sra. López: Espere un momento[10], por favor... Sí, el viernes por la mañana es posible. ¿A las diez y media
15 en mi oficina?
Sra. Hommers: Perfecto. Entonces hasta el viernes.
Sra. López: Hasta entonces. ¡Y disfrute de su semana en Barcelona!

1 **¿En qué le puedo ayudar?** *hier:* Was kann ich für Sie tun? 2 **Me gustaría...** Ich würde gerne ... 3 **este/esta** diese/n/s 4 **si** falls
5 **posible** möglich 6 **ofrecer** anbieten 7 **justamente** gerade 8 **¿Qué tal...?** *hier:* Wie wäre es ...? 9 **Lo siento.** Tut mir leid.
10 **espere un momento** warten Sie einen Moment

b) Unterstreiche im Text alle Wörter und Ausdrücke, die du brauchen kannst, um telefonisch einen Termin zu vereinbaren.

c) Trabajad en parejas y preparad un diálogo telefónico. Uno de vosotros llama a la Sra. López para hacer una cita. Utilizad también la agenda del ejercicio 19.

Sra. López: Diga.

Tú: Buenos días, señora López.

3

d) Presentad vuestro diálogo en clase.

AUTOCONTROL

$\frac{G}{19}$ **1** **Completa el texto con los verbos entre paréntesis. | Vervollständige den Text mit den Verben in Klammern.**

1. El amigo de Laura _____ (llamarse) Pablo.

2. Pablo _____ (levantarse) todos los días a las siete.

3. El padre de Pablo siempre _____ (quejarse) de su trabajo y a veces

   _____ (quedarse) en la oficina hasta las diez de la noche.

4. Pablo _____ (llevarse) bien con su padre y los dos _____

   (quedarse) muchas veces en casa para charlar.

5. Los sábados Pablo _____ (acostarse) muy tarde.

$\frac{G}{20}$ **2** **Completa el diálogo con los verbos *ir y venir*.**

Marta: Hola, Antonio, ¿qué tal?, ¿adónde _____?

Antonio: Hola, Marta. _____ a casa de mi padre. ¿Y tú?

Marta: Inés y yo _____ al cine a las cuatro. ¿_____ (tú) con

nosotras?

Antonio: No puedo. He quedado con Carlos.

Marta: Bueno, ¿por qué no _____ (vosotros) entonces Carlos y tú?

Antonio: Vale, _____ (nosotros) los dos.

$\frac{G}{23}$ **3** **Practica el futuro próximo: ¿Qué van a hacer hoy? Escribe las frases.**

1. Primero Laura / ducharse.

   _____

2. Luego ella y su padre / preparar el desayuno.

   _____

3. Después Laura / coger el autobús.

   _____

4. En la oficina / escribir cartas comerciales.

   _____

5. Al mediodía Laura y sus compañeras de trabajo / comer juntas.

   _____

6. Por la noche Laura, Ana y Miguel / cenar juntos.

   _____

COMPRENSIÓN AUDITIVA

VAMOS **1** 🎧13 **a) Escucha y relaciona. ¿De qué hablan los chicos? | Von welchen Hobbys sprechen die Personen? Verbinde mit Pfeilen.**

→ Selektives Hörverstehen, S. 184

1. Carmen   2. Javi   3. Maite   4. Andrés   5. Sara

🎧13 **b) Escucha otra vez y explica: ¿qué dicen los chicos sobre las aficiones? | Was genau sagen die Personen über die Hobbys?**

→ Detailgenaues Hörverstehen, S. 184

1. A Carmen le gustan mucho _____ pero no le gustan nada _____

2. A Javi _____

3. _____

4. _____

5. _____

PASO 3 **2** 🎧14 **Escucha y apunta. | Eine Kundin ruft im Outdoor-Geschäft „Montes y Ríos" an und möchte mit Susana sprechen. Der Angestellte am Apparat ist neu und kennt Susana noch nicht. Notiere, wie die Kundin Susana beschreibt.**

Susana
– alta
–
–
–
–
–

PASO 1 **3** **a)** Quieres hacer un curso de lengua en Salamanca. I Du möchtest im Sommer einen Sprachkurs in Salamanca machen. Fülle das Anmeldeformular aus.

Du möchtest
- einen Kurs auf dem Niveau A1 mit 40 Stunden monatlich absolvieren.
- zusätzlich 5 Stunden pro Woche Einzelunterricht nehmen.
- außerdem einen Zusatzkurs zur Verbesserung deiner Sprechfertigkeiten belegen.
- in Salamanca bei einer Familie im Einzelzimmer mit Halbpension wohnen.

Escuela Salmantina de Estudios Internacionales

Salmínter

FOTO

HOJA DE INSCRIPCIÓN

NOMBRE...................................

APELLIDOS.................................

NACIONALIDAD............................

FECHA DE NACIMIENTO................

I. CURSO INTENSIVO DE LENGUA ESPAÑOLA
2 0 1 0

❏ Enero	4-29	❏ Mayo	3-28	❏ Septiembre	1-28
❏ Febrero	1-26	❏ Junio	1-28	❏ Octubre	4-29
❏ Marzo	1-26	❏ Julio	1-28	❏ Noviembre	2-29
❏ Abril	5-30	❏ Agosto	2-27	❏ Diciembre	1-23

NIVEL ❏ A1 ❏ A2 ❏ B1 ❏ B2 ❏ C1 ❏ C2
a) Grupo ❏ 80 hs. mes
b) Grupo ❏ 40 hs. mes
c) Grupo ❏ 40 hs. 2 sem.

II. INTENSIVO DE LENGUA Y CIVILIZACIÓN
❏ Mensual - 100 horas

III. CULTURA ESPAÑOLA
❏ Literatura ❏ España Actual
❏ Historia ❏ Salamanca Itinerante
❏ Arte

IV. ESPAÑOL COMERCIAL
❏ 20 hs. mes ❏ 60 hs. trimestral

V. CURSO DE PREPARACIÓN PARA EL EXAMEN DEL MINISTERIO DE EDUCACIÓN ❏

VI. TRADUCCIÓN INVERSA
❏ Inglés-Español ❏ Alemán-Español
❏ Francés-Español

VII. INDIVIDUAL
❏ 5 hs. sem. ❏ 10 hs. sem. ❏ 20 hs. sem.

VIII. CURSO DE PRÁCTICA ORAL ❏

Marcar con una X lo que desea

DIRECCIÓN HABITUAL ....
....
....

E-mail: ....

ALOJAMIENTO EN SALAMANCA (Si desea que se lo facilitemos)

PISO	FAMILIA
❏ Individual	❏ Individual / Pensión completa
❏ Doble	❏ Individual / Media pensión
<u>OTROS</u>	❏ Doble / Pensión completa
❏	❏ Doble / Media pensión

....
....

CENTRO DONDE ESTUDIA (Si es posible con la dirección)
....
....

¿CÓMO HA CONOCIDO SALMÍNTER?...............
....
....

PALABRA-BUSCADOR por el que nos ha encontrado en INTERNET...

SALMÍNTER confirmará su inscripción el mismo día que se reciba esta hoja.

Rogamos que en caso de no poder estar el primer día de clase en la Escuela, se comunique con antelación. Si no se hace así, **SALMÍNTER** dispone de la plaza el segundo día del Curso.

┌── **ENVIAR A:** ──┐
SALMÍNTER
C/. Toro, 25, 1.°
37002 SALAMANCA (España)
Teléf.: 34 - 923 21 18 08
Fax: 34 - 923 26 02 63
e-mail:info@salminter.com

---

b) Busca Salamanca en el mapa de España. ¿En qué comunidad autónoma está? I Suche Salamanca auf der Spanienkarte im Buch. In welcher autonomen Region Spaniens liegt die Stadt?

PASO 2 **4** **Haced el tándem.**

A	B
Du begrüßt deine/n Freund/in und fragst, wie es ihm/ihr geht.	Hola, ¿qué tal? / ¿cómo estás?
Me estoy poniendo un poco nervioso/-a porque mañana empiezan mis prácticas en la oficina.	Du bist ein bisschen nervös, weil morgen dein Praktikum im Büro beginnt.
Du fragst ihn/sie, was er/sie anziehen wird.	¿Qué te vas a poner?
No tengo ni idea todavía.	Du hast noch keine Ahnung.
Du fragst, ob er/sie vielleicht einen Anzug / eine Bluse anziehen wird.	¿Tal vez (te vas a poner) un traje / una blusa?
No, no tengo ganas. Prefiero llevar vaqueros y un jersey.	Dazu hast du keine Lust. Du ziehst es vor, Jeans und Pulli zu tragen.
Du fragst, warum er/sie nicht den Pulli anzieht, den er/sie gerade trägt. Es ist sehr hübsch.	¿Por qué no te pones el jersey que llevas ahora? Es muy bonito.
¡Es una buena idea! No es demasiado elegante ni demasiado deportivo.	Das ist eine gute Idee! Er ist weder zu elegant noch zu sportlich.
Ja. Und außerdem passt dieser Pulli sehr gut zu blauen Jeans. Was fehlt noch? Vielleicht eine Jacke?	Sí. Y además, este jersey va muy bien con vaqueros azules. ¿Qué más falta? ¿Tal vez una chaqueta?
Tengo una chaqueta marrón bastante nueva.	Du hast eine ziemlich neue braune Jacke.
Na perfekt. Themawechsel: Du fragst deine/n Freund/in, wohin er/sie gerade geht. Du fragst, ob er/sie Lust hat, einen Café zu trinken.	Entonces/Pues perfecto. Cambiando de tema, ¿adónde vas ahora? ¿Tienes ganas de tomar un café?
Sí, por qué no. ¿Tú novio/-a también viene?	Ja, warum nicht. Du fragst deine/n Freund/in, ob seine/ihr feste/r Freund/in auch mitkommt.
Nein, er/sie spielt gerade Tennis.	No. Ahora (él/ella) está jugando al tenis.
A mí me gusta mucho el tenis. Podemos ir a jugar juntos el sábado, ¿qué te parece?	Du magst Tennis sehr gerne. Du schlägst vor, dass ihr am Samstag zusammen spielen geht und fragst deine/n Freund/in, was er/sie davon hält.
Also, dir gefällt Tennis überhaupt nicht. Aber am Samstag Abend ist ein Elektro-Konzert in der Diskothek „Cabo Loco". Du fragst deine/n Freund/in, ob er/sie Lust hat, mit euch zu kommen.	Pues, a mí el tenis no me gusta nada. Pero el sábado por la noche hay un concierto de música electrónica en la discoteca «Cabo Loco». ¿Tienes ganas de venir con nosotros?
¡Con mucho gusto! Me encanta la música electrónica.	Sehr gerne! Du liebst Elektro-Musik.
Gut, und wohin gehen wir jetzt? Ins Café am Plaza de Cuba?	Bueno, y ahora, ¿adónde vamos? ¿A la cafetería de la Plaza de Cuba?
Vale, ¡vamos!	In Ordnung. Gehen wir!

PASO 2 **5** Describe a estas personas. ¿Qué ropa llevan?

1 2 3 4

el casco Helm   **la corbata** Krawatte   **la bufanda** Schal
el delantal Schürze   **beis** beige

_____

_____

_____

_____

_____

_____

_____

_____

_____

_____

_____

_____

_____

_____

_____

_____

_____

_____

PASO 3 **6** Welche dieser Personen spricht dich an? Beschreibe ihn/sie in deinem Heft: Wie sieht er/sie aus? Wie stellst du dir seinen/ihren Charakter vor? Was gefällt ihm/ihr und was gefällt ihm/ihr nicht?

→ Eine Personenbeschreibung verfassen, S. 191

1

2

3

$\frac{G}{25}$ **7** ▶ *ESTAR + GERUNDIO* ◯ | a) **¿Qué están haciendo ahora? Completa con una forma de *estar* y el gerundio de los verbos que están entre paréntesis.**

1. Laura _____ (escuchar) música.

2. Raúl y Dani _____ (navegar) en Internet.

3. Pablo _____ (escribir) un correo.

4. La madre _____ (preparar) la cena.

5. Cristina y Araceli _____ (pensar) en la fiesta del sábado.

6. La abuela _____ (leer) el periódico.

7. Lucía _____ (beber) un café.

8. El padre _____ (trabajar).

9. Ana _____ (hacer) los deberes.

10. Raquel _____ (comer).

● **b) Ahora Pablo cuenta en un correo a Laura lo que él y otros están haciendo. Completa con una forma de *estar* y gerundio.**

> estudiar
> poner   trabajar
>   leer   hablar
> hacer (2 x)
>   correr
>   comer   escuchar

Para: laumoji@hotmail.es

≡▾ **Asunto:** ¿Qué estás haciendo?

¡Hola, Laura! ¿Qué tal? ¿Qué _____ (tú)? Yo ahora

_____ la radio. Por aquí, Cristina y Raquel

_____, la abuela _____ por

teléfono, mi madre _____ deporte y el gato y el perro

_____ por la casa. ¿Y vosotras, _____

_____ ya? ¿O todavía _____?

La canción que _____ en la radio me gusta mucho, es una de

Miguel Bosé.

Bueno, ahora voy a hacer los deberes, en el instituto _____

(nosotros) un libro muy difícil.

Besos,

Pablo

8 ▶ DAS INDIREKTE OBJEKTPRONOMEN ▶ VERBEN VOM TYP *GUSTAR* | Sara está haciendo una entrevista en el instituto. Completa con los pronombres y con las formas correctas de los verbos *gustar* y *encantar*.

Sara: Hola, soy Sara. Hoy estoy haciendo una entrevista para saber qué _____ _____ a los chicos y chicas del instituto. ¿Cómo os llamáis?

Marta: Hola, yo me llamo Marta.

Elena: Y yo me llamo Elena.

Sara: Bien. Y a vosotras, ¿qué _____ _____?

Marta: A mí _____ _____ mucho ir al cine. _____ _____ mucho las comedias románticas. Y también _____ _____ escuchar música y leer. _____ _____ mucho las novelas de Isabel Allende. Y también _____ _____ ir a museos.

Sara: Y a ti, Elena, ¿qué _____ _____ a ti?

Elena: A mí _____ _____ jugar al baloncesto. También _____ _____ ir al cine, pero no _____ _____ las comedias románticas, _____ _____ las películas de acción. Y _____ _____ leer, _____ _____ mucho los libros de Arturo Pérez Reverte.

Sara: ¿Y (a vosotras) _____ _____ ir al instituto?

Elena: Bueno... Sí... A nosotras _____ _____ el instituto, pero los exámenes no _____ _____ mucho.

Sara: Gracias, chicas. ¿Alguna cosa más? ¿Algo que no os gusta nada?

Elena: A mí no _____ _____ nada ir de compras, ¡es muy aburrido!

Marta: Y a mí no _____ _____ nada el fútbol.

Sara: ¿Y a los chicos? ¿Qué _____ _____ y qué no _____ _____?

Elena: Bueno, a los chicos _____ _____ mucho los deportes, a Miguel _____ _____ el fútbol y el baloncesto. Y a Pablo _____ _____ también leer y _____ _____ mucho la música.

Marta: ¡Y a los chicos no _____ _____ nada los deberes!

G
28
G
29

9 ▶ DIE VERBEN *DAR* UND *DECIR* | Encuentra los verbos y apúntalos.

dasdecimosdandicendecísdoydadigodicesdaisdamosdais

_____   _____   _____

_____   _____   _____

_____   _____   _____

_____   _____   _____

G
30

10 ▶ *CUÁL/CUÁLES* UND *QUÉ* | Ana y Pablo van de compras y al cine. Completa los diálogos. | Ergänze die Dialoge.

1. **Ana:** ¿_____ libro quieres

   comprar?

   Pablo: No sé. Una novela. ¿_____

   te gusta a ti?

   Ana: ¡Una novela de Javier Marías!

   Pablo: Pero, ¿_____ novela?

2. **Pablo:** ¿_____ vestido quieres

   comprar?

   Ana: ¿_____ te gusta a ti?

   Pablo: ¡El rojo!

3. **Ana:** ¿_____ película vemos?

   Pablo: No sé... ¿Una película de Almodóvar?

   Ana: Vale, pero, ¿_____?

4. **Ana:** ¿_____ de los bocadillos te

   gusta más? ¿El de jamón o el de queso?

   Pablo: No sé... ¿_____ bocadillo

   tomas tú?

5. **Marta:** Quiero unos pantalones.

   Vendedora: ¿_____ te gustan?

   Marta: Los azules.

G
31

11 ▶ DIE DEMONSTRATIVPRONOMEN | En una tienda. Completa las frases con *este/ese, esta/esa, estos/esos, estas/esas*.

1. – _____ camisetas de aquí son muy

   bonitas. ¿Nos compramos una?

   – No, son muy caras. _____ de allí

   son más baratas.

2. – _____ pantalones son pequeños.

   – Prefiero _____ que están detrás de

   la caja, son más grandes.

3. – En _____ tienda la gente es muy

    amable.

    – En _____ tienda al otro

    lado de la calle no son tan simpáticos.

4. – ¿_____ autobús es de nuestra

    línea?

    – No, es _____, el de la línea 4 que

    está llegando.

$\frac{G}{32}$ **12** ▸ **DAS RELATIVPRONOMEN** *QUE* | **Une las frases con** *que* **como en el ejemplo.**

1. Tenemos un nuevo profesor de inglés. El profesor es muy simpático.

Tenemos un nuevo profesor de inglés que es muy simpático. _____

2. Laura está leyendo un libro. El libro es muy interesante.

_____

3. Nosotras estamos viendo una película. La película es de acción.

_____

4. Laura trabaja en una empresa. La empresa es de informática.

_____

5. Tengo unos pantalones nuevos. Los pantalones son rojos y me gustan mucho.

_____

$\frac{G}{34}$ **13** ▸ **DER GEBRAUCH VON** *SER* **UND** *ESTAR* | **a) Describe a las personas. Completa los espacios libres con los verbos** *ser* **o** *estar*. | **Fülle die Lücken mit den entsprechenden Formen von** *ser* **oder** *estar* **aus.**

1. Me llamo Carlos. _____ alto y también _____ un poco gordo.

   _____ un chico alegre y tranquilo, pero hoy _____ nervioso porque tengo

   un examen.

2. Yo _____ Elena. _____ alta y delgada. También _____

   tranquila y alegre. Hoy _____ muy contenta porque no tengo deberes.

3. La señora Madera _____ inteligente y simpática. Hoy _____ seria porque

   tiene una reunión muy importante.

4. Laura _____ una chica joven, alta y delgada. Hoy _____ muy guapa porque

   tiene una fiesta.

b) Describe ahora a dos amigos/-as.

_____

_____

_____

_____

_____

_____

_____

G/34 **14** ▸ **DER GEBRAUCH VON** *SER* **UND** *ESTAR* | **Presenta a estas personas. Utiliza los verbos** *ser* **o** *estar*.

¿Quién?	Pepa Alonso García	Jorge Baeza Fernández
¿De dónde?	Salamanca (España)	Quito (Ecuador)
¿Cómo?	pelirroja, divertida, baja, inteligente	rubio, serio, deportivo, alto
¿Qué?	actriz[1]	profesor de francés
¿Dónde?	en un teatro de Madrid	en el instituto
¿Qué tal?	bastante nerviosa	un poco triste

1 **la actriz** Schauspielerin

_____

_____

_____

_____

_____

_____

_____

_____

_____

15 Una fiesta de trabajo. Completa el diálogo. | Vervollständige den Dialog. Beachte, dass sich die Personen siezen (3. Person Singular der Verben).

Sra. Romero: Buenas noches, señor García. ¿Cómo

_____ (estar) usted?

Sr. García: Muy bien, gracias. Mire, este

_____ (ser) mi colega de Buenos Aires, el

señor Pérez.

Sr. Pérez: Encantado, señora.

Sra. Romero: Encantada. ¿Usted _____

(trabajar) en Buenos Aires y también aquí en Madrid?

Sr. Pérez: Pues sí. _____ (vivir) en Buenos

Aires con mi familia, pero a veces _____ (tener que) trabajar en Madrid. No siempre

_____ (ser) fácil[1] con los niños...

Sra. Romero: ¿Cuántos hijos _____ (tener)?

Sr. Pérez: Dos. Un hijo y una hija.

Sr. García: Bueno, señores, ¿_____ (querer) tomar algo? Allí hay un bufé[2].

1 **fácil** leicht 2 **el bufé** Büffet

16 Una carta formal. | Ordne die Briefteile richtig an, indem du die Nummern in die entsprechenden Kästchen schreibst.

Peter Schneider

1 Estimados señores y señoras:

2 Agencia de Intercambio Escolar
Calle San Ignacio, 12
E-39533 Santander

3 Solingen, 13 de diciembre de 2010

4 Me dirijo a ustedes para pedirles información sobre las posibilidades de intercambio entre alumnos alemanes y españoles. Nuestro hijo, Klaus, de 17 años de edad, estudia español en el instituto y tiene mucho interés en pasar algunas semanas con una familia española. Por nuestra parte también podemos ofrecer alojamiento a un chico o una chica española que quieran pasar algunas semanas en Alemania.

5 Asunto: Intercambio escolar

6 Peter Schneider
Westkotter Str. 145
42655 Solingen

7 Les saluda muy atentamente,

AUTOCONTROL

$\frac{G}{26}$
$\frac{G}{27}$

1 **Completa el diálogo con los pronombres y la forma correcta del verbo entre paréntesis.**

Carmen: ¡Hola, Marta! ¿Quieres ir a un concierto de Joaquín Sabina conmigo? Mi hermano Juan tiene

entradas y _____ (a nosotras) puede dar tres. Tu hermana Lucía puede venir también.

Marta: ¡Fenomenal! A mí Sabina _____ _____ (gustar) mucho y a Lucía _____

_____ (gustar) mucho también. Pero, ¿qué _____ pongo para el concierto?

Carmen: _____ puedes poner tu vestido rojo.

Marta: No, el vestido rojo ya no _____ _____ (gustar).

Carmen: Entonces los pantalones grises y la blusa lila, _____ (a ti) quedan muy bien.

Marta: No, los pantalones _____ (a mí) quedan muy ajustados.

Carmen: ¿Y los marrones? A mí _____ _____ (gustar) mucho tus pantalones marrones.

Marta: Pero no tengo chaqueta para los pantalones marrones.

Carmen: ¿Por qué no _____ pruebas mi chaqueta rosa? Creo que _____ queda bien.

Marta: Bueno, vale, gracias.

$\frac{G}{25}$

2 **¿Qué están haciendo ahora? Relaciona las columnas. | Verbinde mit Pfeilen.**

1. Nosotros	estoy estudiando inglés.
2. Yo	está haciendo los deberes.
3. Los chicos	estás leyendo?
4. Ahora Miguel	está preparando la cena.
5. ¿Y tú, qué	están jugando al fútbol.
6. La abuela	estamos escribiendo cartas.
7. ¿Qué	estáis haciendo vosotros?

$\frac{G}{34}$

3 **Completa con *ser* y *estar* la carta de Pedro desde Berlín.**

¡Hola, familia! ¿Qué tal _____? Yo _____ muy bien. _____

muy contento porque Berlín me gusta mucho. _____ una ciudad muy interesante y

_____ muy grande. El curso de alemán me gusta. La profesora _____

muy simpática. _____ alta, delgada y muy joven. También _____ inteli-

gente, pero _____ muy seria. Mis compañeros Salvatore y Luigi _____

muy simpáticos. _____ italianos, de Roma. Y mi compañera Virginie

_____ muy alegre. _____ de París. Hoy _____ muy

nerviosa porque tenemos el examen de alemán.

Besos, Pedro

COMPRENSIÓN AUDITIVA

PASO 1 **1** 🎧 15 **a)** Escucha las conversaciones en la oficina de turismo y apunta los nombres de los edificios que hay en el plano. | Schreibe die Gebäudenamen in die gelben Felder.

🎧 15 **b)** Escucha otra vez. ¿Cómo se llama la calle que no lleva nombre en el plano? | Wie heißt die Straße, die auf dem Plan nicht benannt ist?

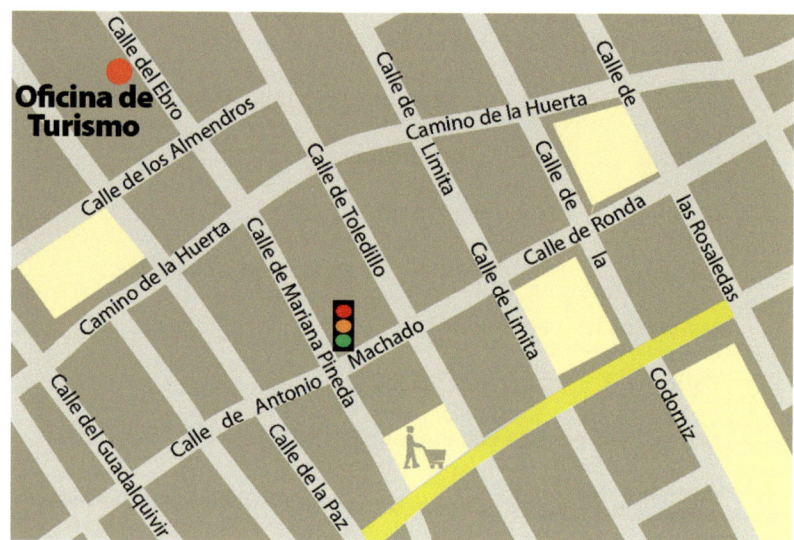

PASO 3 **2** **a)** ¿Cómo se llaman los alimentos? | Wie heißen die Lebensmittel? Schreibe die Namen in die erste Spalte der Tabelle.

🎧 16 **b)** Escucha el diálogo. ¿Qué va a comprar Pedro? | Kreuze in der zweiten Spalte die Lebensmittel an, die Pedro kaufen wird.

🎧 16 **c)** Escucha otra vez. ¿Cuántos paquetes/botellas/gramos/ etc. va a comprar? | Schreibe in die dritte Spalte die Mengen, die er kaufen wird.

PASO 1 **3** **Lee los anuncios y completa la tabla.**

DELE

1

HABITACIÓN PARA ESTUDIANTE ERASMUS
A PARTIR DE JULIO CON WIFI (RETIRO – ATOCHA)

Descripción

Somos 3 chicas entre 26 y 28 años que buscamos compañera de piso para entrar en el mes de julio. El precio de la habitación sería de 250 €/mes (más 3 meses de fianza) y solemos poner 50 euros más al mes para los gastos comunes (agua, gas, electricidad, teléfono fijo, internet, detergente, productos de limpieza, etc).

El metro más cercano es el de Ibiza, pero los de Goya o Príncipe de Vergara están a 5 minutos a pie.

Para más información, pueden llamarnos a cualquiera de estos teléfonos:
Graciela: 637435351
Tamara: 668491295

© http://www.habitamos.com

2

MUY BARATO – ¡SÓLO 165 € AL MES!

Descripción

¡Hola! Somos dos chicos y una chica, todos estudiantes (Historia, Ed. infantil y oposiciones) que buscamos un compi de piso para el próximo curso.

El piso está en la C/ Calatrava 17, son 165 € al mes y lo único que hay que pagar aparte es la luz. Es muy luminoso, dos cuartos de baño, patio…

¡¡Pásate y echa un vistazo!!

Ester: 670532656 -- ester_arquimabo@rubired.com
Damian: 65147403 -- d_a_m_i_a_n22@terra.es

Precio: 165 € por mes
Localización: Ciudad Real

3

250 € POR MES – SE BUSCA COMPAÑER@
PARA ENTRAR AHORA EN TEATINOS

Descripción

Somos un chico (peluquero) y una chica (estudiante de día, camarera de noche) y buscamos un/a compañero/-a para entrar ahora. El piso está situado en Teatinos, junto a la Ciudad de la Justicia. Hay un supermercado en el mismo edificio. El piso está bien amueblado y totalmente equipado, en buenas condiciones y listo para entrar. Se busca un/a compañero/-a ordenado y limpio, NO FUMADOR. Dispondría de baño propio. El precio es de 250 € al mes (comunidad incluida). El bloque incluye piscina, zona comunitaria y jardines. URGENTE. :-)

	Anuncio 1	Anuncio 2	Anuncio 3
¿Para cuándo buscan?			
¿Cuánto cuesta la habitación?			
¿Dónde está el piso?			
¿Qué persona buscan?			
¿Cómo se llaman los compañeros?			

PASO 1 **4** Du bist in Spanien und fragst einen Passanten (= dein/e Mitschüler/in) nach dem Weg. Stelle eine der Fragen. Dein/e Mitschüler/in schaut sich den Stadtplan an und erklärt dir den Weg. Danach tauscht ihr die Rollen.

Perdona, ¿para ir a la estación de autobuses?

Por favor, ¿para ir a un supermercado?

¿Me puede decir dónde hay un banco por aquí cerca?

¿La Plaza Nueva, por favor?

PASO 2 **5** Vas a pasar el próximo mes en casa de una familia española. La madre / El padre de la familia te muestra tu habitación. Haced el tándem.

la madre / el padre	tú
Du zeigst dem/der Gastschüler/in sein/ihr Zimmer und fragst, ob es ihm/ihr gefällt.	Mira, esta es tu habitación. ¿Te gusta?
¡Vaya habitación! / Me gusta mucho. ¡Es más grande que la habitación que tengo en Alemania y es muy bonita!	Du bist vom Zimmer begeistert. Du sagst, dass es größer als dein Zimmer in Deutschland ist und dass es sehr schön ist.
Du sagst, dass das Zimmer sehr hell ist, weil die Fenster ziemlich groß sind.	La habitación es muy clara porque tiene ventanas bastante grandes.
Es verdad. Mi habitación de Alemania tiene ventanas grandes también, pero no es tan clara como esta aquí.	Du sagst, dass das stimmt. In deinem Zimmer in Deutschland sind die Fenster auch groß, aber es ist nicht so hell wie dieses hier.
Du fragst, in welchem Stock er/sie wohnt.	¿En qué planta vives?
Vivo en la segunda planta.	Du wohnst im 2. Stock.
Nun, ihr seid hier im 6. Stock, deswegen ist eure Wohnung heller.	Bueno, nosotros estamos aquí en la sexta planta. Por eso nuestro piso es más claro.
Y es menos ruidoso también. Hay un montón de coches en la calle, pero ahora no los puedo oír.	Und es ist auch weniger laut. Auf der Straße gibt es eine Menge Autos, aber jetzt kannst du sie nicht hören (*oír*).
Du sagst, dass die Fenster ziemlich neu sind und sehr gut. Deswegen ist die Wohnung so ruhig.	Las ventanas son bastante nuevas y muy buenas, por eso el piso es tan tranquilo.
¡Me parece un piso ideal!	Du findest die Wohnung perfekt.
Na dann, herzlich willkommen _____!	Entonces, ¡bienvenido/-a _____!

VAMOS **6** La próxima semana vas a visitar a tu amiga Patricia en Madrid. Escribe en tu cuaderno un e-mail para explicar adónde quieres ir y qué quieres hacer ahí.

→ Kreatives Schreiben, S. 195

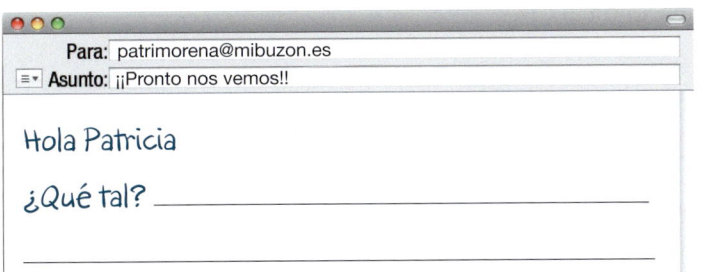

Para: patrimorena@mibuzon.es

Asunto: ¡¡Pronto nos vemos!!

Hola Patricia

¿Qué tal? _____

_____

CONCIERTOS
«LA NOCHE DE CADENA 100»
Día 24 de abril. Madrid.
PALACIO VISTALEGRE «TEEN ANGELS»
Día 26 de marzo.
«FONDO FLAMENCO»
Día 24 de abril. Madrid

TEATRO
«TONTA ELLA, TONTO ÉL»
Teatro Infanta Isabel. Madrid.
«POR EL PLACER DE VOLVER A VERLA»
Hasta el 2 de mayo.
Teatro Amaya. Madrid

churros

chocolate

tomar chocolate con churros

Barrio de Malasaña

Plaza Mayor

El Rastro

Museo del Prado

PASO 2 **7** Du machst ein Praktikum in einem Reisebüro und bekommst eine Aufgabe: Eine spanische Familie möchte eine Ferienwohnung in Deutschland mieten. Dein Chef bittet dich, zum Wohnungsplan eine Beschreibung auf Spanisch zu verfassen. Schreibe sie in dein Heft.

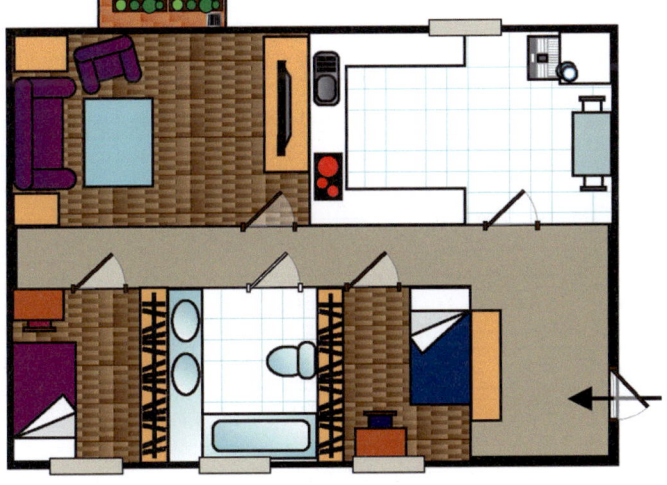

el dormitorio Schlafzimmer

8 ▸ *VOCABULARIO* | Atracciones de Madrid. Completa las frases con el vocabulario nuevo.

> tiendas
> recuerdos   buscas   ojo   mochila   entradas   famosos
> arte   cuadros   postales   perfecto   carteristas   bares
> descansar   artistas
> última   alternativo
> pintores   interesa   caras   encuentras   Estadio

1. En la Plaza Mayor puedes comprar _____ y _____ .

2. Las _____ para ver al Real Madrid en el _____ Bernabéu son

   muy _____ .

3. Si quieres _____ un poco, puedes ir al Parque del Retiro. Además allí puedes ver a

   muchos _____ los fines de semana.

4. Si _____ la _____ moda de España, tienes que ir a las

   _____ de la calle Arenal.

5. Si no tienes mucho dinero, el Rastro es el lugar _____ para comprar cosas. ¡Pero

   _____ con la _____ porque hay muchos

   _____ !

6. En el barrio de Malasaña _____ muchos _____ para salir de

   noche. A la gente le gusta ir allí por su ambiente _____ .

7. Si te _____ el _____ español, tienes que ir al Museo del

   Prado. Allí hay muchos _____ de _____

   _____ españoles.

G
35

9 ▸ **DER REALE BEDINGUNGSSATZ DER GEGENWART** | Unos amigos van a Madrid. Haz propuestas uniendo las dos columnas.

Si vais al Rastro y queréis ver bastante, [1]   [a] *tener que* ir al barrio de Malasaña.

Si os gusta el fútbol, [2]   [b] *poder* ir a la Plaza Mayor.

Si os gustan los museos, [3]   [c] *tener que* ir temprano, porque es muy grande.

Si os gusta salir de noche, [4]   [d] *poder* ir al Bernabéu para ver al Real Madrid.

Si queréis comprar recuerdos de Madrid, [5]   [e] en el Museo del Prado *poder* ver cuadros de
pintores famosos.

_____

_____

_____

_____

_____

10 ▶ DAS DIREKTE OBJEKTPRONOMEN | Completa las frases con la forma correcta de los complementos directos *me, te, lo/s, la/s, nos, os.*

Madre: ¡Otra vez mis gafas! ¿Dónde están? ¿_____ ves tú?

Sara: Sí, _____ veo. Están en tu escritorio. Aquí _____ tienes.

Madre: Gracias, hija. Y oye, Sara, tu abuela _____ necesita. ¿_____ puedes llamar ahora, por favor?

Sara: Siempre _____ necesita. ¿Qué es ahora?

Madre: No _____ sé, hija. Está sola y ya es mayor.

Sara: _____ entiendo, pero tiene otros nietos también. Por ejemplo, Luis.

Madre: Bueno, pues sí, claro, _____ necesita a ti y a Luis y a todos.

Sara: Eso es, _____ necesita a todos. Pero Luis tiene más tiempo y vive más cerca. Y la abuela casi no _____ ve.

Madre: _____ comprendo, hija, pero...

Sara: Bueno, bueno, ya _____ llamo.

11 ▶ DAS DIREKTE OBJEKTPRONOMEN
▶ ORTSPRÄPOSITIONEN | Practica el uso de los complementos directos *lo/s* y *la/s.* | Dein Freund hilft dir beim Umzug und fragt dich, wo er deine Sachen hinstellen soll. Du antwortest ihm.

la silla   la cama
el armario   el cuadro
los libros   los cedés
el ordenador
el escritorio   la radio

tu compañero/-a	tú
¿Dónde pongo la cama?	La pones debajo de la ventana.
¿Y dónde pongo el escritorio?	Pues...

12 ▸ **GRUPPENVERBEN (E → I) | Practica la conjugación de los verbos *repetir*, *seguir* y *decir*.**

1. Pablo _____ (seguir) la calle hasta la plaza y allí se pregunta:

   «¿Y ahora _____ (seguir) por esta calle o por la otra?»

2. ¿Qué _____ (decir) las hermanas de Pablo sobre su amigo Miguel?

3. Esta semana los alumnos _____ (repetir) las preposiciones en la clase de francés.

   La profesora: «Para mañana _____ (repetir) las preposiciones, por favor.»

4. **Miguel:** «A ver, Pablo, primero _____ (seguir) todo recto y en el semáforo giras a la

   izquierda.»

5. **Laura:** «¿Te gusta mi chaqueta nueva? ¿Qué _____ (decir), Ana?»

6. **El padre de Pablo a sus hijas:** «¿Qué _____ (decir) sobre el nuevo director?»

7. Un amigo de Laura _____ (repetir) el curso.

8. Ana está en la empresa y habla por teléfono: «Lo comprendo, pero yo _____ (repetir):

   usted tiene que llamar esta tarde a la señora Romero.»

13 ▸ **DER KOMPARATIV DES ADJEKTIVS | Completa las frases y utiliza *más/menos … que* y *tan … como*.**

1. Una entrada al cine es (– caro/-a) _____ una entrada al Santiago Bernabéu, pero

   para mí, ver al Real Madrid es (+ interesante) _____ ver una película.

2. El Museo Reina Sofía en Madrid no es (= famoso/-a) _____ el Museo del Prado.

3. El Museo Guggenheim en Bilbao es (+ moderno/-a) _____ el Museo del

   Prado en Madrid.

4. La vida en Madrid no es (= barato/-a) _____ la vida en Albacete pero

   vivir en Albacete es (+ aburrido/-a) _____ vivir en Madrid.

5. Vivir en una calle pequeña es (– ruidoso/-a) _____ vivir en una calle grande.

6. Los coches grandes son (+ caro/-a) _____ los coches pequeños.

14 ▸ **DER SUPERLATIV DES ADJEKTIVS | Utiliza las formas del superlativo (*más/menos* + adjetivo) y cuenta.**

1. El profesor _____ (+ alto) de mi instituto es _____.

2. Para mí el libro _____ (– interesante) es _____.

3. La película _____ (+ divertida) es _____.

4. Para mí la persona _____ (+ famosa) es _____.

5. Para mí el día _____ (– aburrido) de la semana es el _____.

6. En mi opinión el pintor _____ (– famoso) se llama _____.

7. Para mí la _____ (+ buena) comida es _____.

8. Para mí el _____ (+ malo) día de la semana es el _____.

9. En mi opinión el _____ (+ bueno) actor[1] es _____.

1 **el actor** Schauspieler

15 🎧17 **Sebastián empieza sus prácticas en una oficina de Madrid. La secretaria, la Sra. Molina, le muestra la oficina. Escucha el texto y escribe las letras en las casillas. | Schreibe die Buchstaben in die Kästchen.**

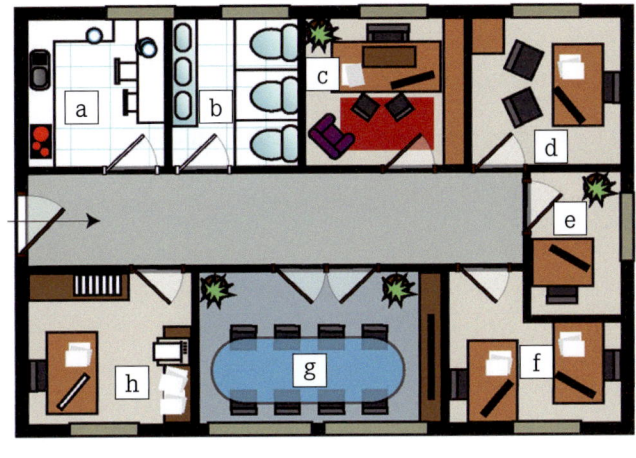

☐ el despacho de la Sra. Molina
☐ el despacho[1] del Sr. Gómez
☐ el despacho del Sr. Fernández
☐ el despacho de la directora
☐ el despacho de los becarios[2]
☐ la sala de reuniones
☐ los servicios[3]
☐ la cocina

1 **el despacho** Büro 2 **el/la becario/-a** Praktikant/in 3 **los servicios** Toilette

---

DELE **16** **a) Lee el texto. Después marca si la informacíon es correcta (c), falsa (f) o no se menciona en el texto (?).**

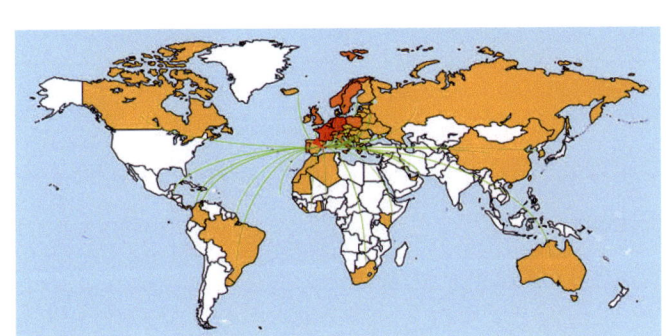

Exportación de las Naranjas de Valencia

Las naranjas de Valencia no son solamente consumidas dentro del territorio español, sino[1] que además son uno de los productos más apreciados[2] fuera de las fronteras[3] de España, y por lo tanto, más exportados.

Las naranjas de Valencia llegan a casi todo el mundo, aunque los países que mayor cantidad[4] de naranjas de Valencia importan son Francia y Alemania.

Este es el mapa de exportaciones de naranjas de Valencia en el mundo:

Un hecho[5] muy interesante es que entre los países que importan naranjas de Valencia se encuentran países que también producen naranjas. Este hecho es significativo, ya que eso muestra la calidad de las naranjas producidas en Valencia.

según © http://www.naranjasdevalencia. com/mercado.html

1 **sino** sondern 2 **apreciado/-a** geschätzt 3 **la frontera** Grenze 4 **la mayor cantidad** die größte Menge 5 **el hecho** Tatsache

	c	f	?
1. Los españoles comen más manzanas que naranjas.	☐	☐	☐
2. España exporta muchas naranjas de Valencia.	☐	☐	☐
3. España exporta también muchas naranjas de Andalucía.	☐	☐	☐
4. Los países que más naranjas importan son Alemania e Inglaterra.	☐	☐	☐
5. Alemania importa muchas naranjas.	☐	☐	☐
6. También países que producen naranjas importan naranjas de Valencia.	☐	☐	☐

b) Mira el mapa. ¿Qué países del mundo importan las naranjas de Valencia? Escribe los nombres de por lo menos diez de los países en tu cuaderno. Puedes utilizar un diccionario.

→ Das zweisprachige Wörterbuch benutzen, S. 197

1 Escribe los antónimos de estas palabras.

barato/-a _____   trabajar _____

volver _____   encontrar _____

el día _____   detrás de _____

izquierda _____   encima _____

$\frac{G}{39}$

2 Las más … de España. Haz frases y utiliza el superlativo.

1. Madrid y Barcelona – las ciudades – grande

Madrid y Barcelona son las ciudades más grandes de España. _____

2. universidades de Salamanca y de Santiago de Compostela – las universidades – antiguo/-a

_____

3. Picasso, Dalí y Miró – pintores – famoso/-a

_____

4. El País y El Mundo – periódicos – importante

_____

5. Atocha – estación de metro – bonito/-a

_____

3 Muebles, lugares, objetos y preposiciones de lugar. ¿Dónde está Ana?

Ana está…

PASO 2 **1** 🎧18 **a) Eva y Rafael hablan de sus vacaciones. Escucha y marca con una E (Eva) o con una R (Rafael) qué hizo quién.**

→ Selektives Hörverstehen, S. 184

🎧18 **b) Escucha otra vez y apunta en tu cuaderno qué más hicieron Eva y Rafael.**

PASO 3 **2** 🎧19 **Escucha la conversación de Eva en la estación de autobuses y completa el billete[1].**

DELE

Servicio de autobuses ELDA, Alicante

Billete y Reserva

ORIGEN
Alicante

DESTINO[2]

_____

FECHA DE SALIDA

_____, 23/03/11

🕐 HORA DE SALIDA

_____

✔ ASIENTO _____

PRECIO _____ €

Conserve su billete.

1 **el billete** Ticket 2 **el destino** Ziel

Conferencias internacionales

Anna Jürgens
Breitenweg 23
10999 Berlin
Alemania

Ciudad de México, 21 de marzo de 2011

Estimada señora Jürgens:

Le escribo para confirmar[1] su participación en la Feria[2] Internacional de Turismo en Latinoamérica en el World Trade Center (WTC) en México D.F. desde el 7 hasta el 11 de abril.

La conferencia inaugural va a tener lugar el día 7 a las 16:00 horas en el salón de conferencias 2 con una recepción por parte de los patrocinadores[3].

Puede recoger su carnet[4] en nuestra oficina entre las 10:00 y las 12:30. El carnet le da entrada a la recepción y a todas las presentaciones y eventos de la Feria.

La Feria empieza todos los días a las 9:00 horas y termina aproximadamente a las 18:00 horas. El día 11 hay un banquete de despedida a las 19:00 horas, favor de confirmar su asistencia en la recepción.

Además me alegra[5] poder comunicarle que le reservamos una habitación individual para el tiempo de su estancia en el Hotel Gran Arco (a 5 min. del WTC). El precio va a ser de MX$ 5.150.

Como le comunicamos en nuestro mensaje anterior[6], su vuelo[7] de Berlín a México también ya está confirmado. En los próximos días se va a hacer el correspondiente cargo a su tarjeta de crédito.

Muy atentamente,

María Gómez López

Asistente General de Conferencias internacionales.
Av. Insurgentes 2011
03810 México, D.F.
México

1 **confirmar** bestätigen 2 **la feria** *hier:* Messe 3 **el/la patrocinador/a** Sponsor/in 4 **el carnet** Ausweis 5 **alegrar** freuen
6 **anterior** vorhergehende/r/s, letzte/r/s 7 **el vuelo** Flug

PASO 1 **3** **a) Lee la carta de la Sra. Gómez López a la Sra. Jürgens y marca con una x si la información es correcta (c), falsa (f) o no está en el texto (?).**

	c	f	?
1. La Sra. Jürgens va a ir de vacaciones a México.	☐	☐	☐
2. Hay una feria en el WTC del 7 al 11 de abril.	☐	☐	☐
3. El horario de la Feria es de las 9 a las 6.	☐	☐	☐
4. La Sra. Jürgens todavía no tiene vuelo.	☐	☐	☐
5. La Sra. Jürgens también quiere ver los museos de México D.F.	☐	☐	☐
6. La Sra. Gómez es la secretaria de la señora Jürgens.	☐	☐	☐

b) Wie lauten im Spanischen die Begrüßungs- und Abschiedsformel in einem formellen Brief? Markiere sie im Text.

PASO 1 4 Estás haciendo prácticas en una oficina de turismo. Un/a turista mexicano/-a entra y te hace preguntas sobre la región. Haced el tándem. | Verwendet bei eurem Gespräch die Höflichkeitsform *usted*.

turista mexicano/-a	tú
Du begrüßt den/die Angestellte/n der Touristeninformation und fragst ihn/sie, ob er/sie Spanisch oder Englisch sprichst.	Buenos días. ¿Habla usted español o inglés?
Sí, hablo español. ¿Qué quiere saber?	Du sagst, dass du Spanisch sprichst und fragst die Person, was er/sie wissen möchte.
Du sagst, dass du vor drei Tagen in die Stadt gekommen bist und noch zwei Tage bleiben wirst. Du kennst die Stadt schon ziemlich gut, deswegen willst du jetzt einen Ausflug machen.	Llegué a la ciudad hace tres días y me voy a quedar dos días más. Ya conozco bastante bien la ciudad, por eso ahora quiero hacer una excursión.
Hay muchos lugares bonitos en esta región. ¿Ya conoce usted la cascada?	Du sagst, dass es viele schöne Orte in dieser Region gibt. Du fragst, ob er/sie schon den Wasserfall (*la cascada*) kennt.
Du verneinst. Aber in Mexico gibt es auch viele Wasserfälle (*cascadas*). Du interessierst dich mehr für die deutsche Kultur (*la cultura*).	No, pero en México hay también muchas cascadas. A mí me interesa más la cultura alemana.
(Pues) Mañana hay una fiesta tradicional en Sennfeld, un pueblo cerca de aquí. Allí hay música y mucha comida de la región.	Du sagst, dass in Sennfeld, einem Dorf in der Nähe, morgen ein traditionelles (*tradicional*) Fest stattfindet. Dort gibt es Musik und Essen aus der Region.
Du fragst, wie du dort hinkommen kannst.	¿Cómo puedo ir/llegar allí?
Puede coger el autobús 184. Este sale a las diez y cuarto, a las doce menos veinte y a la una y media de la estación de autobuses.	Du sagst, dass er/sie den Bus 184 nehmen kann. Dieser fährt um 10:15, um 11:40 und um 13:30 vom Busbahnhof ab.
Gut. Du sagst, dass du morgen dorthin fahren wirst.	Bien. Voy a ir allí mañana.
¿Usted ya tiene planes para esta noche?	Du fragst, ob er/sie heute Abend schon Pläne hat.
Du hast noch keine Pläne.	No, todavía no (tengo planes).
Hay un concierto en el parque aquí al lado. ¿Le gusta la música rock?	Du sagst, dass es im Park hier nebenan ein Konzert geben wird. Du fragst, ob er/sie Rockmusik mag.
Manchmal schon. Du fragst, um wie viel Uhr das Konzert beginnt.	A veces sí. ¿A qué hora / Cuándo empieza (el concierto)?
A las ocho y media.	Um 8:30 Uhr.
Du bedankst dich. Du sagst deinem Gegenüber, dass er/sie sehr gut Spanisch spricht und verabschiedest dich.	Muchas gracias. Usted habla español muy bien. Adiós.

PASO 2 **5** **Pasaste las vacaciones de verano en México. Ahora escribes un blog sobre tu viaje. Puedes utilizar la información de las casillas.**

→ Kreatives Schreiben, S. 195

Ciudad de México

las pirámides de Teotihuacan

hacer excursiones

museo de Frida Kahlo / Casa Azul

el _____ de julio
un día
por la mañana/tarde/noche
primero
después (de)
al final
una vez / muchas veces
sin embargo

río Los Pescados / rafting

discoteca / fiesta de espuma

tacos (de pescado)

agua fresca de limón

www.deinblog.de/54456

G
43

6 ▶ *DESDE, DESDE HACE, HACE, EN* | **Pon las preposiciones correctas y cuenta la historia de México.**

1. _____ 30.000 años llegaron los primeros hombres al territorio mexicano.

2. _____ el año 1325 los aztecas fundaron la capital de su imperio.

3. _____ 1521 Hernán Cortés conquistó el imperio azteca.

4. México se independizó _____ más de ciento ochenta años.

5. La Revolución Mexicana empezó _____ 1910.

6. _____ el 1 de enero de 1994 México está en la NAFTA, el Tratado de Libre Comercio de América del Norte.

7. _____ más de diez años México está en la NAFTA.

G
44

7 ▶ *VOCABULARIO* ▶ *PRETÉRITO INDEFINIDO* | **Pon las vocales que faltan. Vas a encontrar doce verbos en indefinido. Escribe el pronombre personal y el verbo.**

1. d___m___n___r___n   *(ellos) dominaron* _____

2. f___nd___st___   _____

3. n___c___   _____

4. l___ch___st___   _____

5. p___rd___m___s   _____

6. c___m___st___   _____

7. ___scr___b___st___ ___s   _____

8. t___m___m___s   _____

9. ___pr___nd___ ___   _____

10. f___rm___st___ ___s   _____

11. p___rd___ ___r___n   _____

12. g___b___rn___r___n   _____

G
44

8 ▶ *PRETÉRITO INDEFINIDO* | **Completa los textos sobre la conquista de América con los verbos en la persona correcta del indefinido.**

conquistar	empezar	estudiar	llegar (2 x)	llamar	nacer	salir	trabajar	viajar

1. El 3 de agosto de 1492 _____ tres barcos del sur de España. Dos meses más tarde, el 12 de octubre de 1492, Cristóbal Colón _____ a una isla del Caribe que él _____ San Salvador. En ese momento _____ la conquista de América.

2. Hernán Cortés _____ en Medellín, en la provincia de Badajoz. _____ en la Universidad de Salamanca. En 1504 _____ a América. En 1511 _____ a Cuba y _____ allí muchos años. En 1521 Cortés _____ el imperio azteca en México.

G
45

9 ▶ *PRETÉRITO INDEFINIDO* (UNREGELMÄSSIGE VERBEN) ◯ | **Completa la tabla.**

infinitivo	ser/ir	tener	poder	estar	hacer	dar
(yo)	fui					
(tú)		tuviste				
(él/ella)			pudo			
(nosotros/-as)				estuvimos		
(vosotros/-as)					hicisteis	
(ellos/ellas)						dieron

G
44
G
45

10 ▶ *PRETÉRITO INDEFINIDO* (REGELMÄSSIGE UND UNREGELMÄSSIGE VERBEN) | **¿Qué hicieron? Escribe las frases con el verbo en la persona correcta del indefinido.**

1. ¿Dónde / estar / Susana y tú / el domingo pasado?

   _____

2. El domingo pasado / Susana y yo / estar / en el Museo de Frida Kahlo.

   _____

3. En el 2000 Inés y Eugenio / vivir / en Ciudad de México.

   _____

4. El fin de semana pasado / Clara y Mercedes / ir / al Parque Ecológico.

   _____

5. El mes pasado / (yo) viajar / por todo México.

   _____

6. Y tú, /¿ir / a la discoteca / ayer?

   _____

7. El lunes pasado / yo / visitar / a mis abuelos.

   _____

8. Ayer por la noche / mi abuelo / hablar / del terremoto.

   _____

9. El domingo pasado / mi primo / recibirnos / en el aeropuerto.

   _____

G
44
G
45

11 ▶ *PRETÉRITO INDEFINIDO* (REGELMÄSSIGE UND UNREGELMÄSSIGE VERBEN) ● | **Tu amigo te pregunta cómo pasaste el último domingo. Escribe las preguntas en indefinido. Luego responde.**

1. ¿A qué hora _____ (levantarse) por la mañana?

   _____

2. ¿Qué _____ (hacer) durante la mañana?

   _____ ▶

3. ¿Al mediodía _____ (comer) solo/-a?

_____

4. ¿Cuándo _____ (ir) tu amigo/-a para mirar fotos contigo?

_____

5. ¿_____ (ver) algo en la tele?

_____

6. ¿A qué hora _____ (irse) a la cama?

_____

G/44 G/45 **12** ▶ *PRETÉRITO INDEFINIDO* (REGELMÄSSIGE UND UNREGELMÄSSIGE VERBEN) ● | a) Andrea estuvo de vacaciones. Tú hablas con ella. Haz las preguntas adecuadas.

1. _____
   Estuve en México.

2. _____
   Pasé tres semanas allí.

3. _____
   Sí, muchísimo. Es un país muy bonito.

4. _____
   Visité la capital, Teotihuacan y el Parque Ecológico de Xochimilco.

5. _____
   Comí tacos y pollo con mole.

b) Inventa dos preguntas y respuestas más.

1. _____
   _____

2. _____
   _____

G/46 **13** ▶ KONJUNKTIONEN | Completa las frases con *aunque, como, donde, pero* (2 x), *porque, sin embargo, cuando*.

El año 1985 fue muy importante para mí _____ conocí a mi mujer. En este año visité a un

amigo en Dortmund. _____ llegué, me llevó en seguida a una fiesta de amigos

_____ conocí a una chica alemana. Me enamoré de ella, _____ volví a

España dos semanas después, _____ volví tres meses más tarde aquí. Bueno, nos casa-

mos, ahora tenemos dos hijos y me gusta vivir aquí _____ a veces echo de menos a mi

familia en España. _____ los dos tenemos un buen trabajo aquí en Dortmund, sólo pasa-

mos el verano en España. _____ así está bien.

14 **a) Lee el menú. ¿Qué palabras entiendes? Busca las palabras que no entiendes en un diccionario.**

→ Das zweisprachige Wörterbuch benutzen, S. 197

b) Lee el texto. ¿Qué toman el señor Gómez y la señora Neumann? Marca en el menú.

En el restaurante

La señora Neumann está en Madrid para visitar a Juan Gómez, director general de la empresa «Top-Media». Juntos van a comer a un restaurante.

5   Camarero[1]: ¿Qué van a tomar los señores?
Sr. Gómez: Para mí, de primero[2], la sopa y de segundo[3], el salmón a la plancha.
Camarero: ¿Y para la señora?
Sra. Neumann: Todavía no sé... ¿Pruebo[4] el cocido ma-
10 drileño o tomo un plato vegetariano...?
Sr. Gómez: ¿Por qué no pruebas los calamares? Los hacen muy bien aquí.
Sra. Neumann: No, no me gusta el pescado. Creo que voy a tomar una paella de verduras. Es más ligera[5] y
15 ya es bastante tarde. En Alemania siempre ceno más temprano.
Camarero: ¿Quiere algo de primero?
Sra. Neumann: Una ensalada mixta, por favor.
Camarero: ¿Y para beber?
20 Sr. Gómez: Un vino blanco, por favor.
Sra. Neumann: Para mí también. Y una botella de agua para nosotros dos.
...
Sra. Neumann: ¿Qué tal[6] el salmón?
25 Sr. Gómez: Hmm... muy rico. En este restaurante siempre como muy bien. ¿Y tu paella?
Sra. Neumann: Está bien. La verdad es que no tengo mucha hambre porque en el avión comí un bocadillo y frutas.
30 ...
Camarero: ¿Van a tomar un postre[7]?
Sr. Gómez: Sí, por favor. Un flan casero.
Sra. Neumann: Yo no, nada, gracias.
Camarero: ¿Tal vez un café?
35 Sra. Neumann: Pues... por qué no. Un café con leche.
Sr. Gómez: Para mí también.
Camarero: Muy bien.
...
Sr. Gómez: La cuenta[8], por favor.

1 **el/la camarero/-a** Kellner/in 2 **de primero** als Vorspeise
3 **de segundo** als Hauptgericht 4 **probar** probieren
5 **ligero/-a** leicht 6 **¿Qué tal...?** *hier:* Wie schmeckt...?
7 **el postre** Nachspeise 8 **la cuenta** Rechnung

Menú
~ ~ ~ ~ ~ ~ ~ ~

Entradas
ensalada mixta ....3,50 €
gazpacho andaluz ....3,00 €
sopa de pescado.................................3,80 €
~ ~ ~ ~ ~ ~ ~ ~

Pescados
salmón a la plancha.........................9,70 €
calamares en su tinta......................10,50 €
~ ~ ~ ~ ~ ~ ~ ~

Carne
chuleta de cerdo................................9,60 €
cocido madrileño...............................9,60 €
filete de ternera a la plancha............11,80 €
~ ~ ~ ~ ~ ~ ~ ~

Platos vegetarianos
espaguetis con salsa de
tomate y queso parmesano ....7,30 €
paella de verduras............................8,30 €
~ ~ ~ ~ ~ ~ ~

Postre
flan casero.......................................2,80 €
helado ....2,50 €
fresas ....2,30 €
~ ~ ~ ~ ~ ~ ~

Bebidas
agua mineral....................................1,50 €
refrescos...1,80 €
vino blanco o tinto (½ litro)..............5,50 €
cerveza ....2,20 €
café ....1,00 €
café con leche...................................1,50 €

c) Estáis en Madrid y vais a comer a un restaurante con un/a colega español/a. Trabajad en grupos: Uno/-a es el/la camarero/-a y los otros son los clientes. Elegid vuestro menú y escribid el diálogo.

_____

_____

_____

_____

_____

_____

_____

_____

_____

_____

_____

_____

_____

_____

_____

_____

_____

_____

_____

d) Presentad vuestro diálogo en clase.

In Spanien gibt es in vielen Bars Tagesmenüs (_menú del día_). Sie bestehen normalerweise aus drei Gängen (_primero_, _segundo_, _postre_) und sind preiswerter als ein zusammengestelltes Menü.

AUTOCONTROL

G 44
G 45

1 **Practica la conjugación de los verbos en el pretérito indefinido.**

1. Desde 1990 hasta 1992 (yo) _____ (vivir) en España.

2. El domingo pasado (yo) _____ (visitar) a mi abuela.

3. Ayer Manuel _____ (estar) en un restaurante griego.

4. ¿El sábado (tú) _____ (hacer) algo especial?

5. El mes pasado Jorge _____ (encontrar) un nuevo trabajo.

6. Ayer los chicos _____ (dormir) mucho.

7. El año pasado mis padres _____ (viajar) por Sudamérica.

8. El domingo pasado nosotros _____ (ir) al cine y _____ (ver) una película muy interesante.

G 46

2 **Completa las frases con las conjunciones *aunque*, *como*, *porque*, *sin embargo* y *cuando*.**

1. El año 1985 fue muy trágico _____ hubo un terremoto con muchos muertos.

2. _____ llegamos al aeropuerto nos recibieron mis abuelos y mis tíos.

3. En la discoteca Juan lo pasó muy bien _____ no le gusta mucho bailar.

4. _____ el ambiente de Cancún es muy turístico, vale la pena ir _____ es muy bonito.

5. Lo pasamos muy bien allí, _____ tuvimos miedo en muchas situaciones.

6. Hoy no vamos a hacer rafting _____ no tenemos tiempo.

7. Hoy tengo que estudiar, _____ voy a ir a la excursión.

8. _____ se enamoró de Diego, se casó con él.

9. Carmen y Jaime hacen los deberes _____ tienen un examen mañana.

10. A los padres de Carmen les gusta vivir en Galicia, _____ llueve mucho.

G 43

3 **Adrián quiere ir a una fiesta con Manuel, un amigo mexicano. Lo llama por teléfono. Completa el diálogo con *desde*, *desde hace* y *hace*.**

Adrián: Oye, ¿por qué no vienes? Nuestros amigos ya están en la fiesta _____ una hora.

Manuel: Lo siento, fui a recoger a mi prima Juana, que vive _____ cuatro años en Valencia y ahora está aquí en Madrid.

Adrián: ¡Ah! Tu prima vive en España también...

Manuel: Sí, vino _____ cinco años para trabajar en Alicante. Y _____ 2009 vive con su novio en Valencia. Juana va a la fiesta con nosotros.

Adrián: Vale. Hasta pronto.

7 ¿A QUÉ TE QUIERES DEDICAR?

COMPRENSIÓN AUDITIVA

VAMOS 1 🎧20 **Escucha las entrevistas de orientación profesional y completa la tabla. ¿Qué profesiones les interesan a los chicos? ¿Y por qué? ¿Y por qué no?**

→ Selektives Hörverstehen S. 184

	¿Qué profesión?	¿Por qué?	¿Por qué no?
Sergio			
Araceli			
Marco			

VAMOS 2 🎧21 ● **| Escucha a las personas y elige la profesión que les corresponde. Escribe los números en las casillas.**

→ Globales Hörverstehen S. 183

☐ ingeniero/-a ☐ actor/actriz ☐ profesor/a
☐ veterinario/-a
☐ taxista[1]
☐ músico/-a ☐ azafato/-a ☐ mécanico/-a ☐ informático/-a
☐ piloto ☐ arquitecto/-a ☐ camarero/-a[2]
☐ médico/-a ☐ futbolista ☐ peluquero/-a ☐ fotógrafo/-a

1 **el/la taxista** Taxifahrer/in 2 **el/la camarero/-a** Kellner/in

PASO 2 3 🎧22 **¿Dónde está la gente? Escucha y deduce los lugares.**

1. _____   3. _____   5. _____

2. _____   4. _____   6. _____

EN VIVO 4

a) Katja hat gerade ihre Ausbildung zur Erzieherin abgeschlossen und möchte ein Praktikum im Kindergarten der Deutschen Schule in Madrid machen. Sie spricht mit ihrem Freund Jan, der kein Spanisch spricht, über das Stellenangebot. Übernimm die Rolle von Katja und beantworte Jans Fragen. Schreibe die Antworten in dein Heft.

→ Das zweisprachige Wörterbuch benutzen, S. 197

Jan	Katja
1. Wann geht das Praktikum los?	____
2. Welche Anforderungen werden an die Bewerber gestellt?	Sie erwarten ____. Aber ich verstehe auch nicht alles. Warte mal, ich muss im Wörterbuch nachschauen. Ah, sie wollen noch ____.
3. Was bieten sie eigentlich genau an?	____
4. Und was sollst du jetzt machen?	____

Prácticas en el Kindergarten

El Kindergarten del Colegio Alemán de Madrid ofrece una plaza para unas prácticas de un año a partir de agosto de 2011.

Requisitos[1]:

- Mayoría de edad
- Formación profesional o universitaria como Educador, Trabajador Social u otra formación profesional análoga
- Interés por realizar prácticas en un centro educativo alemán en España
- Alto grado de iniciativa
- Flexibilidad, capacidad de implicarse y de trabajar en equipo
- Dotes de comunicación oral
- Personalidad abierta, cordial y participativa
- Autonomía

Lo que ofrecemos[2]:

- Contacto con un campo profesional interesante
- Supervisión profesional de las prácticas
- Cooperación con centros educativos
- Un equipo interesante y abierto
- Ayuda para encontrar alojamiento

Aprovecha esta oportunidad de realizar prácticas en el extranjero.
Por favor, envía un currículo breve con todos los datos de interés a:

Deutsche Schule Madrid
Kindergarten
María Gómez
Calle Genil, 11
28002 Madrid
Tel.: 0034 91 433 97 88
Fax: 0034 91 433 51 06

1 **los requisitos** Anforderungen 2 **ofrecer** anbieten

b) Lee la solicitud de Katja y marca con una x si la información es correcta (c), falsa (f) o no está en el texto (?).

Katja Hansemann – Blumenstraße 13 – 67346 Speyer

Deutsche Schule Madrid
Kindergarten
Calle Genil, 11
E–28002 Madrid

10 de enero de 2011

Asunto: Su anuncio en la página web de su colegio

Estimada señora Gómez:

Me dirijo a Ud.[1] con motivo de la oferta de trabajo publicada en su página web. Estoy interesada en el puesto[2] de educadora[3] que se ofrece por un año.

5 Tengo 19 años y en la actualidad vivo en Mannheim, en Alemania. El año pasado terminé la formación profesional como educadora en el instituto «Siebold» en Speyer. Desde el 1 de agosto de 2010 estoy haciendo mis prácticas de reconocimiento en un jardín de infancia[4] en Mannheim. Las voy a terminar en julio de 2011.

Estudié español en el instituto y además viajo con frecuencia a España y a otros países hispanohablantes. Tengo mucho interés en la cultura y la lengua española. Me gustaría
10 combinar este interés con mi profesión. Me interesa también tener experiencias de trabajo[5] con niños que son educados bilingües[6].

Soy una persona abierta y comprometida[7]. Me gusta mucho trabajar en equipo[8], pero también puedo trabajar muy bien sola[9] cuando es necesario.

Con mucho gusto me puedo entrevistar con Uds. por teléfono en la fecha y hora que más
15 les convenga[10].

En espera[11] de sus noticias, le saluda atentamente,

Katja Hansemann

1 **me dirijo a Ud.** ich wende mich an Sie 2 **el puesto** die Stelle 3 **el/la educator/a** Erzieher/in 4 **el jardín de infancia** Kindergarten
5 **la experienca de trabajo** Arbeitserfahrung 6 **niños que son educados bilingües** Kinder, die mehrsprachig erzogen werden
7 **comprometido/-a** engagiert 8 **el equipo** Team 9 **solo/-a** allein 10 **que más les convenga** der/die/das Ihnen am besten passt
11 **la espera** Erwartung

	c	f	?
1. Katja vive en España.	☐	☐	☐
2. Katja se interesa por la oferta del Kindergarten.	☐	☐	☐
3. Katja es educadora.	☐	☐	☐
4. Katja tiene experiencia de trabajo con niños.	☐	☐	☐
5. Katja vivió muchos años en España.	☐	☐	☐
6. A Katja no le gusta mucho la cultura española.	☐	☐	☐
7. Katja es tranquila y simpática.	☐	☐	☐
8. Katja es abierta y comprometida.	☐	☐	☐
9. Katja sólo quiere trabajar en equipo.	☐	☐	☐
10. Katja va a viajar a España el próximo mes.	☐	☐	☐

c) Findest du, dass Katja die Anforderungen für das Praktikum erfüllt? Unterstreiche die Stellen im Text.

PASO 1 **5** Haz una entrevista a tu compañero/-a sobre el instituto y sobre sus planes para el futuro. Apunta sus respuestas.

Pregunta a tu compañero/-a en español.	Corrige a tu compañero/-a y contesta sus preguntas.
1. Um wie viel Uhr fängt für dich montags die Schule an? Und freitags?	1. ¿A qué hora empieza el instituto para ti los lunes? / ¿A qué hora empiezan las clases para ti los lunes? ¿Y los viernes?
2. Und wann kommst du mittwochs aus der Schule?	2. ¿Y cuándo vuelves del insti(tuto) los miércoles?
3. Gehst du gerne in die Schule?	3. ¿Te gusta ir al insti(tuto)?
4. Hast du auch Erdkunde und Geschichte?	4. ¿Tienes clases de geografía e historia también?
5. Hast du auch Physik und Chemie?	5. ¿Tienes clases de física y química también?
6. Welche Fächer sind deine Lieblingsfächer?	6. ¿Qué asignaturas son tus asignaturas favoritas?
7. In welchen Fächern bekommst du gute Noten?	7. ¿En qué asignaturas sacas buenas notas?
8. In welchem Fach hattest du in deinem letzten Zeugnis die beste Note?	8. ¿En qué asignatura tuviste la mejor nota en el último boletín?
9. Und in welchem Fach hattest du in deinem letzten Zeugnis die schlechteste Note?	9. ¿Y en qué asignatura tuviste la peor nota en el último boletín?
10. Gibt es ein Fach, in dem du eine Nachprüfung machen musst?	10. ¿Tienes alguna asignatura pendiente?
11. Wie viele Sprachen lernst du dieses Jahr? Und welche sind das?	11. ¿Cuántos idiomas aprendes este año? ¿Y cuáles son?
12. Kannst du eine dieser Sprachen gut sprechen?	12. ¿Sabes hablar alguno de estos idiomas bien?
13. Welche Sprache gefällt dir am besten?	13. ¿Cuál de los idiomas te gusta más? / ¿Cuál de los idiomas es el que más te gusta?
14. Musst du viel für die Schule lernen?	14. ¿Tienes que estudiar mucho para el instituto?
15. Was machst du in den Pausen?	15. ¿Qué haces en los recreos?
16. Welche Fächer hast du nachmittags?	16. ¿Qué asignaturas tienes por la tarde?
17. Was für Sport macht ihr im Sportunterricht?	17. ¿Qué deportes hacéis en la clase de educación física?
18. Machst du auch Sport in deiner Freizeit? Welchen Sport machst du?	18. ¿Haces deporte en tu tiempo libre también? ¿Qué deporte haces?
19. Was willst du gerne nach der Schule machen?	19. ¿Qué quieres / te gustaría hacer después del instituto?
20. Hast du irgendeinen Traum für deine Zukunft?	20. ¿Tienes algún sueño para tu futuro?

PASO 2 **6** **a)** Manuel quiere hacer una formación profesional en Alemania. Lee su carta y busca las palabras españolas para las siguientes cuatro palabras en alemán.

→ Wörter erschließen, S. 180

Berufschancen	Sozialarbeiter
Grundschullehrer	Stellen

DELE **b) ● | Lee la carta de Manuel y contéstala en tu cuaderno.**

→ Einen Brief schreiben, S. 193

Im Lektionstext auf S. 98 im Buch kannst du hilfreiche Informationen finden.

Hola chicos:

Me llamo Manuel y vivo en un pueblo cerca de Zamora. Este año termino la ESO, pero aquí no hay muchas posibilidades laborales, por eso quiero ir a casa de mis abuelos a Alemania y hacer una formación profesional allí. Me gustaría ser maestro de párvulos o trabajador social, pero necesito algunas informaciones.

¿Cuánto tiempo dura la formación profesional en Alemania?

¿Uno va primero al instituto y después se hacen las prácticas, o cómo se hace? ¿Es fácil encontrar puestos para hacer prácticas? ¿Las prácticas se pagan?

Otra cosa: mis padres no tienen mucho dinero. ¿Cómo se puede ganar dinero en Alemania? Y después de la formación, ¿es fácil conseguir trabajo?

Muchas gracias por todo.

Saludos,

Manuel

PASO 3 **7** **● | Lee otra vez el folleto turístico de la página 102 del libro de curso. Después escribe en tu cuaderno un folleto sobre Alemania para turistas españoles.**

→ Das zweisprachige Wörterbuch benutzen, S. 197

Mar del Norte

¡Ven a Alemania!

Puerta de Brandeburgo (Berlín)

Neuschwanstein (Baviera)

G
47

8 ▸ **DIE RELATIVPRONOMEN** *QUE* **UND** *LO QUE* | **Completa el texto sobre Amaya con** *que* **o** *lo que*.

Amaya es estudiante de alemán e inglés en Bilbao, una ciudad _____ está en el País Vasco. Le

gustan los idiomas pero _____ no le gusta es estudiar para los exámenes. Sobre todo le molesta

estudiar los verbos alemanes, _____ son muy difíciles. El año pasado estuvo en Liverpool para

aprender mejor el inglés, _____ es su idioma favorito. Vivió en un piso compartido y eso le gustó

mucho, pero _____ no le gustó nada fue la comida inglesa. Le gustaría ser profesora porque le

gusta trabajar con gente joven pero _____ no le gustaría es dar malas notas a sus alumnos. Por

eso todavía no está segura. Pero todas las profesiones tienen algo _____ no nos gusta tanto, ¿ver-

dad? Y _____ Amaya tiene muy claro[1] es que en el futuro quiere tener una familia y

_____ necesita para eso es sobre todo un trabajo seguro.

1 **tener algo muy claro** etwas sehr gut/genau wissen

G
48

9 ▸ **DIE STELLUNG DER PRONOMEN** ◯ | a) **Escribe las frases de otra forma.**

1. ¿Os queréis quedar a comer?

_____

2. Me tengo que acostar ahora.

_____

3. ¿Quiénes se están quejando?

_____

4. ¿Tus gafas? ¿Las estás buscando otra vez? _____

> An Infinitive und an *gerundio*-Formen können Pronomen angehängt werden. Wird das Pronomen an das *gerundio* angehängt, so bekommt die drittletzte Silbe immer einen Akzent (vgl. Akzentregeln S. 177).
>
> *¿Te puedo ayudar? = ¿Puedo ayudarte?*
> *Me estoy duchando. = Estoy duchándome.*

b) **Marina habla con Javi. Escribe las reacciones de Javi en la página siguiente.** | **Versuche Wiederholungen zu vermeiden, indem du die unterstrichenen Satzteile durch Pronomen ersetzt. Gib immer beide möglichen Positionen für das Pronomen an.**

Marina	Javi
La próxima semana es el examen de inglés. David y yo ya estamos bastante nerviosos …	1. Si queréis, puedo ayudar (a vosotros). Podemos estudiar juntos.
¡Sí, qué bien! Oye, creo que Sergio tiene también problemas con el inglés.	2. Pues puede estudiar con nosotros si quiere. Voy a preguntar a Sergio.
Otra cosa: el sábado es la fiesta de Fernando. Tú también vas, ¿verdad?	3. Claro que sí. Y voy a regalar un libro de cocina a Fernando.
¡Qué buena idea! ¿Es de cocina española?	4. Sí. Mañana voy a comprar el libro.
El único problema es que el sábado mi prima viene a visitarme. ¿Crees que ella puede ir también?	5. Claro que puedes invitar a tu prima. Yo voy con mi novia.

1. Si queréis, puedo ayudaros. / Si queréis, os puedo ayudar.

● | c) María, la madre de Javi, está hablando con su hijo. Reacciona en lugar de Javi y utiliza *estar* + gerundio. Practica la posición de los pronombres. | Gib immer beide möglichen Positionen für das Pronomen an.

María	Javi
1. ¿Estás haciendo los deberes?	Sí, ya (hacer). Sí, ya estoy haciéndolos. Ya los estoy haciendo.
2. ¿Todavía estás en la cama?	Ya (levantarse).
3. ¿Estás en el baño?	Sí, (ducharse).
4. Ya no hay leche.	Papá (comprar).
5. ¿Dónde están las fotos de nuestras vacaciones?	No lo sé. (buscar también).
6. ¿Otra vez estás escribiendo e-mails?	No, sólo (leer).
7. ¿Por qué no invitas a tus amigas a comer?	Ya (llamar).
8. ¿Todavía estás delante de la tele?	No, ya (acostarse).

7

$\frac{G}{49}$ $\frac{G}{50}$ **10** ▶ DIE DOPPELTE VERNEINUNG ▶ INDEFINITE BEGLEITER UND PRONOMEN | Escribe la respuesta correcta.

> No, no tengo ninguna.   No, no hay nada.   No, no hay ninguno.
> No, no puedo ningún día.   No, no tengo ninguno.   No, no tengo ningún problema.

1. ¿Tienes alguna pregunta todavía? _____

2. ¿Hay alumnos en la cafetería? _____

3. ¿Vienes algún día a mi casa? _____

4. ¿Tienes algunos libros nuevos? _____

5. ¿Hay algo para beber? _____

6. ¿Tienes algún problema? _____

$\frac{G}{51}$ **11** ▶ *SABER/PODER* | Completa las frases con la formas correctas de *saber* o *poder*.

1. Fernando quiere ser cocinero y ya _____ cocinar bastante bien. El sábado

   _____ hacer una fiesta en su casa y cocinar porque los padres no están.

2. Yo no _____ ir a la fiesta porque tengo que estudiar inglés. El lunes hay un examen y

   no _____ nada de inglés.

3. Pedro _____ jugar al fútbol muy bien. Quiere ser futbolista en el futuro. Ahora no

   _____ jugar porque tiene dos asignaturas pendientes y no tiene tiempo.

4. Todavía hay mucha gente en el mundo que no _____ leer ni escribir.

5. Laura ya _____ hacer muchas cosas en la empresa Arroba: _____

   escribir cartas comerciales, hacer facturas, contestar llamadas teléfonicas ... Pero hoy no

   _____ trabajar porque está enferma[1].

1 **enfermo/-a** krank

$\frac{G}{53}$ **12** ▶ DER BEJAHTE IMPERATIV (REGELMÄSSIGE VERBEN) | Completa las frases con el imperativo de los verbos *abrir, contestar, escribir, estudiar, hablar, leer, mirar* y *trabajar*.

1. – Siempre saco malas notas en lengua y literatura.

   – ¡Pues _____ más!

2. – No encuentro mi libro de inglés.

   – _____ , ahí está.

3. Antonio, _____ la ventana, por favor.

4. Ahora estáis en la clase de español. ¡_____ español!

5. _____ vuestros libros en la página 82 y _____ el texto sobre la Revolución Mexicana.

6. Sara, _____ la pregunta, por favor.

7. _____ en grupos de tres y _____ un texto corto sobre Frida Kahlo.

13 ► **DER BEJAHTE IMPERATIV (REGELMÄSSIGE UND UNREGELMÄSSIGE VERBEN) | Completa los mini diálogos con los verbos en imperativo.**

hacer	poner	irse	leer	jugar	discutir
visitar	volver	ser	salir	venir	contar

1. _____ temprano, Pablo.   ¡Pero hoy es el cumpleaños de Ana!

2. _____ menos, chicos!   Pero, ¿por qué? Discutir es importante.

3. _____ con tus primos esta noche.   Hoy no. Salgo con ellos mañana, ¿vale?

4. _____ los libros en la estantería.   Pero, mamá, ¿por qué no los pones tú?

5. Miguel, _____ a la pizarra[1].   ¿Pero por qué siempre yo?

6. Pero _____ qué pasa.   No hay nada que contar, no pasa nada.

7. _____ a vuestros abuelos.   ¿Por qué no nos visitan ellos a nosotros?

8. _____ con tu hermano.   ¿Por qué tengo que jugar con él?

9. _____ el periódico.   ¿Para qué tengo que leer el periódico?

10. _____ ya, no quiero verte más.   Pero ¿qué te pasa?

11. _____ bueno en casa de tu tía, ¿vale?   Sí, mamá, sí.

12. Y tú, _____ los deberes ya.   Empiezo después de comer, ¿vale?

1 **la pizarra** Tafel

14 ► **UNPERSÖNLICHE KONSTRUKTIONEN MIT SE | Completa con se y los verbos buscar, vender, necesitar, pagar, hablar. | Manchmal gibt es mehrere Lösungen.**

1
Aquí _____ libros antiguos.

2
En este restaurante _____ catalán, inglés, francés y alemán.

3
_____ radios viejas para una exposición.

4
_____ ESTA CASA.

5
_____ hombres para el curso de flamenco.

6
No _____ las horas extra.

15 ▶ *POR* Y *PARA* | Un cliente va a la agencia de viajes «Sol y Luz». Completa el diálogo con *por* y *para*.

Cliente: Buscamos un viaje a Cádiz _____ un grupo de chicos del instituto.

Susana: Claro. ¿_____ cuántos días?

Cliente: _____ una semana.

Susana: Esta semana tenemos una oferta: siete días _____ sólo 240 €.

Cliente: Vale, necesitamos tres habitaciones _____ siete personas.

Susana: Muy bien. ¿Y _____ cuándo?

Cliente: _____ julio.

Susana: A ver. Lo siento[1], sólo queda una. ¿No quieres una habitación grande _____ todos? Tenemos

habitaciones _____ ocho personas _____ 160 € _____ noche.

Cliente: Espera un momento, _____ por favor, voy a llamar a mis amigos.

El cliente llama a sus amigos. De repente suena el teléfono de Susana y ella contesta.

Susana: Sol y Luz, diga. ... Sí, un momento, por favor. Ahora se pone. ¡Nicolás!, es _____ ti. Es la seño-

ra Arroyo. Pregunta _____ un viaje a Australia.

Cliente: Bueno, pues _____ suerte mis amigos están todos de acuerdo.

Susana: Perfecto. ¿Queréis viajar _____ Granada o _____ Sevilla?

1 **lo siento** tut mir leid

16 ▶ DER BEGLEITER *TODO/-A* ● | Escribe las frases en español.

> Der Begleiter *todo* steht entweder mit einem bestimmten Artikel oder einem Possessivpronomen: z. B. *todo el día / todas mis amigas.*

1. Ihr sprecht die ganze Zeit.

_____

2. Alle deine Freundinnen sind sehr sympatisch.

_____

3. Gestern haben wir die ganze Nacht in der Disco getanzt.

_____

4. Ich werde alle meine Freunde einladen.

_____

5. Alle seine Arbeitskollegen trinken morgens Kaffee.

_____

17 ▶ VERKÜRZTE ADJEKTIVFORMEN | Completa con los adjetivos *bueno/-a*, *malo/-a* y *grande* y compara las dos agencias de viajes.

Agencia Ven y Viaja
Es una agencia _____.

El jefe está de _____ humor.

Casi nunca hay _____ ofertas.

El ambiente no es muy _____.

Agencia Sol y Luz
Es una agencia pequeña.

La jefa está de _____ humor.

A veces hay una _____ oferta.

Hay un _____ ambiente.

18 a) **Du möchtest einige Zeit in Spanien jobben. Suche dir eine Anzeige aus, die dich interessiert und erkläre sie dann deinem/ deiner Mitschüler/in auf Deutsch.**

→ Das zweisprachige Wörterbuch benutzen, S. 197

1

Prácticas en recepción de hotel 3 estrellas

Buscamos estudiantes con interés en el sector de turismo para prácticas de seis meses en el departamento de Recepción de nuestro hotel en Málaga, Andalucía.

Requisitos:

■ Necesario manejo de MS-Office a nivel de usuario.

■ Conocimientos de idiomas (inglés, alemán, ruso, francés).

■ Competencias de trabajo en equipo, de comunicación y de orientación al cliente.

■ Buena imagen y presencia.

■ Flexibilidad horaria.

■ Permiso de trabajo de la Unión Europea

Ofrecemos:

■ Incorporación a sólidos equipos de trabajo con oportunidades de crecimiento.

■ Alojamiento durante los primeros tres meses.

■ Formación a cargo de la empresa.

■ Renumeración: 250 € mensuales.

Dirección:

Hotel Mirasol – Sr. José Molina Bazán – Pasillo De Santa Isabel, 23 – 29005 Málaga

---

2

Empleado/-a de gasolinera fin semana

Descripción del puesto:

Se necesita a un estudiante para trabajar los fines de semana en una gasolinera en los alrededores de Barcelona. Las tareas serán las de vender gasolina, atender a la tienda de la gasolinera, cobrar productos, atender al cliente…

El horario de fin de semanas es de 10.00 horas a 18.00 horas.

El salario es de 8 € brutos/hora.

Requisitos:

· Experiencia en puesto similar

· Buscar un trabajo sólo de fin de semana

· Buena presencia

· Persona organizada, dinámica…

Datos de la empresa:

Nombre de la empresa: UNIQUE INTERIM ETT, S.A.U.

Dirección: Puigcerda nº 249 bajos

País: España

Localidad: Barcelona

Código Postal: 08036

3

Se busca persona comunicativa para hacer estudios de mercado en relación con las nuevas tecnologías y energías.

Descripción empresa:

Trabajamos en el campo de las nuevas tecnologías y energías. Hacemos estudios de mercado para decidir qué servicio es el más conveniente para una zona determinada o un tipo de cliente.

Requisitos del candidato:

● Tener un título en «Graduado escolar y ESO» o nivel de estudios superior

● Hablar español e inglés

● Tener entre 17 y 35 años aproximadamente.

● Orientación al cliente

● Flexibilidad

Datos de la empresa:

Nombre de la empresa: MMG

Dirección: Calle Cervantes, 89

País: España

Localidad: Barcelona

Código Postal: 08008

4

PRÁCTICAS CADENA DE RADIO

Buscamos estudiantes que quieren realizar prácticas con nosotros.

Información general

– La duración máxima de estas prácticas es de seis meses.

– Los alumnos que realizan prácticas cuentan con un seguro de accidentes.

– Las prácticas no son remuneradas en ningún caso.

Manda tu solicitud a:

Radio Vigo, Calle de Areal, 6, 36201 Vigo

---

b) **Siehe dir noch einmal das Bewerbungsschreiben auf S. 67 an und unterstreiche alle Ausdrücke und Sätze, die du für ein Bewerbungsschreiben brauchen kannst.**

c) **Suche dir eines der Stellenangebote aus und verfasse ein Bewerbungsschreiben. Orientiere dich dabei an dem Bewerbungsschreiben auf S. 67.**

→ Eine Bewerbung schreiben, S. 195

AUTOCONTROL

G/50 **1** **Haz frases negativas utilizando los pronombres indefinidos.**

frases positivas   **frases negativas**

1. Tiene alguna idea.   _No tiene..._ _____

2. Todos los alumnos saben hablar   _____

   bien el español.   _____

3. Sara tiene algunos amigos.   _____

4. Conozco a toda la gente de la fiesta.   _____

5. Marco sabe todas las palabras de la   _____

   unidad siete.   _____

G/51 **2** **Completa los mini diálogos con la forma correcta de *saber* o *poder*.**

1. – Oye, Javier, tú _____ mucho de ordenadores. ¿_____ ayudarme?

   – Pues lo siento, no _____, es que tengo que hacer un trabajo y no tengo tiempo.

2. – ¿Bailamos?

   – Aquí, no _____ bailar, no hay espacio[1].

   – Entonces bailamos en la terraza, ¿o es que vosotros no _____ bailar?

1 **el espacio** Platz

G/53 **3** **Dilo con el imperativo. Luego sustituye las palabras subrayadas por un pronombre.**

1. ¿Puedes contar todo? _¡Cuenta todo! → ¡Cuéntalo!_ _____

2. ¿Nos escribís una postal? _____

3. ¿Por qué no llamas a Luis? _____

4. No tengo dinero. ¿Pagáis vosotros los cafés, por favor? _____

5. Miguel, tienes que mandar la carta ya, por favor. _____

G/54 **4** **Completa las frases con *se* y los verbos en la forma correcta. Después busca la información en Internet.**

beber	hablar	pagar	estudiar	bailar

1. ¿Cuántos idiomas _____ en España?   → _____

2. ¿Cuántos años _____ en el colegio?   → _____

3. ¿Dónde _____ con pesos?   → _____

4. ¿Dónde _____ la salsa y el merengue? → _____

5. ¿Dónde _____ mate?   → _____

COMPRENSIÓN AUDITIVA

PASO 1 **1** 🎧23 **a) Alexander, un joven de Colonia, cuenta de su viaje a Santiago de Compostela. Esucha y marca la respuesta correcta.**

DELE

→ Globales Hörverstehen, S. 183

1. Alexander viajó a Santiago de Compostela
   ☐ con su mejor amigo. ☐ con su familia. ☐ solo.

2. Para Alexander el viaje fue ☐ una experiencia¹ negativa. ☐ una experiencia positiva.

1 **la experiencia** Erfahrung

🎧23 **b) Escucha otra vez, después decide si las frases son correctas (c) o falsas (f). Corrige las frases falsas en tu cuaderno.**

→ Detailgenaues Hörverstehen, S. 184

	c	f
1. Alexander no tenía dinero para ir en avión a España.	☐	☐
2. Alexander hizo el Camino de Santiago a pie.	☐	☐
3. Pasó unos días en casa de sus tíos en Bilbao.	☐	☐
4. Cogió un tren para volver a Alemania.	☐	☐
5. A veces Alexander estaba bastante triste.	☐	☐
6. Alexander sabe muy bien español porque su madre es española.	☐	☐
7. En el viaje, Alexander pensó mucho sobre su vida.	☐	☐

PASO 2 **2** 🎧24 **Escucha y marca las ilustraciones correctas. ¿Qué tiempo va a hacer hoy (h)? ¿Y mañana (m)?**

PASO 3 **3** 🎧25 **Escucha la entrevista de radio y pon las ilustraciones en el orden cronológico correcto.**

PASO 3 **4** **a) Lee el texto y encuentra títulos para las fotos.**

La España verde – El País Vasco

El País Vasco se llama también Euskadi. Es una comunidad autónoma en el norte de España. Cuenta con paisajes muy impresionantes: montañas[1] y valles estrechos, una naturaleza de bellísimos verdes y ríos

5 con frecuentes cascadas son típicos de esta región. Como en toda la costa cantábrica, llueve mucho. La capital del País Vasco es Vitoria, otras ciudades importantes son Bilbao y San Sebastián. En Bilbao se encuentra una de las zonas industriales más gran-

10 des de España. Por lo tanto, tiene una gran importancia económica. Además es el centro cultural de la región: allí está el famoso Museo Guggenheim. El museo se conoce en todo el mundo por su arquitectura impresionante y por sus exposiciones de arte

15 moderno. Delante del museo hay un perro de flores, llamado « Puppy », que tiene 12 metros de altura. San Sebastián es una ciudad no muy grande pero muy bonita que está situada en la costa en el noreste del País Vasco. Tiene una playa que se llama « La

20 Concha[2] », debido a la forma de la bahía[3]. El País Vasco es también famoso por su gastronomía, que tiene una gran reputación tanto a nivel nacional como internacional. Los platos más importantes son los de pescado y de marisco. Y claro, San

25 Sebastián es la ciudad de los pinchos – pequeñas raciones de comida sobre una rebanada de pan. En la ciudad se encuentran excelentes bares de pinchos donde sirven platos pequeños de las especialidades de la región, que se suelen tomar de pie mientras uno

30 charla con los amigos. Pero no solamente se come mucho, también se hace deporte: Hay deportes que describen la tradición rural[4] y pesquera de Euskadi, como por ejemplo remar[5], el levantamiento de piedras[6], y el famoso corte

35 de troncos[7] (aizkolari). En el País Vasco hay dos lenguas oficiales: el castellano y el vasco, también llamado euskera. El euskera es de origen desconocido. Como no es un idioma indoeuropeo es bastante difícil aprender esta lengua.

40 Antes se hablaba sobre todo en el campo y en la costa, en pueblos pesqueros como Bermeo, Mundaka y Hondarribia. Ahora se enseña en las escuelas y también hay programas de radio y de televisión en euskera. Se calcula que hoy en día un 35 % de la pobla-

45 ción vasca sabe hablar bien el euskera. Y este número está creciendo[8].

1 **la montaña** Berg 2 **la concha** Muschel 3 **la bahía** Bucht 4 **rural** ländlich 5 **remar** rudern 6 **la piedra** Stein 7 **el tronco** Baumstamm 8 **crecer** wachsen

_____

_____

b) Visita la página web del Museo Guggenheim (www.guggenheim-bilbao.es). ¿Qué horario tiene? ¿Cuánto cuesta una entrada para mañana para un/a estudiante? Escribe las respuestas en tu cuaderno.

PASO 2 **5** Quieres pasar las vacaciones de verano en Galicia. Llamas a una agencia de viajes en La Coruña porque necesitas información. Haced el tándem.

agente de viajes	tú
Du meldest dich am Telefon. Nenne deinen Namen und den Namen deines Reisebüros („Aventuras").	Agencia de viajes «Aventuras», buenos días. Usted habla con _____ . / Soy _____ .
Hola. Me llamo _____ y estoy llamando desde Alemania. Quiero hacer un viaje a Galicia y tengo algunas preguntas.	Du begrüßt deinen Gesprächspartner, sagst wie du heißt und dass du aus Deutschland anrufst. Du möchtest eine Reise nach Galicien machen und hast ein paar Fragen (*preguntas*).
Natürlich. Du fragst, was er/sie wissen will.	Claro. / Por supuesto. ¿Qué quiere saber?
Primero me gustaría saber qué tiempo hace normalmente en Galicia en agosto.	Erstens würdest du gerne wissen, wie das Wetter normalerweise im August in Galicien ist.
Du sagst, dass Juli und August die beste Zeit ist, um nach Galicien zu reisen. Es regnet dann allgemein viel weniger als in den anderen Monaten. Und die Temperaturen sind sehr angenehm (*agradable*). Hier ist es niemals zu heiß.	Pues, julio y agosto es el mejor tiempo para viajar a Galicia. Generalmente llueve mucho menos que en los otros meses. Y las temperaturas son muy agradables. Aquí nunca hace demasiado calor.
Suena muy bien. ¿Y se pueden hacer excursiones interesantes desde La Coruña?	Das klingt sehr gut. Du fragst, ob man von La Coruña aus interessante Ausflüge machen kann.
Ja, sehr viele. Man kann zum Beispiel einen Ausflug nach Santiago de Compostela machen. Oder man kann ein Stück des Jakobweges laufen.	Sí, muchas. Por ejemplo se puede hacer una excursión a Santiago de Compostela. O se puede caminar una parte del Camino de Santiago.
Me parece una idea muy buena.	Du findest das eine sehr gute Idee.
Du fragst, ob du dann ein Hotel für ihn/sie reservieren (*hacer una reserva*) kannst.	¿Entonces puedo hacer una reserva en un hotel para usted?
Sí, por favor. Quiero viajar del 2 al 17 de agosto y necesito una habitación doble.	Du bejahst. Dein Reisezeitraum ist der 2.–17. August. Du brauchst ein Doppelzimmer (*una habitación doble*).
Du sagst, dass es am Strand ein Hotel „Miramar" gibt. Dort kostet ein Doppelzimmer mit Frühstück 75 € pro Nacht. Du fragst, was er/sie davon hält.	Hay un hotel en la playa que se llama «Miramar». Tiene habitaciones dobles por 75 € por noche, con desayuno. ¿Qué le parece?
Me parece muy bien.	Du findest das sehr gut.
Dann wirst du die Reservierung vornehmen. Du fragst ihn/sie, ob er/sie auch einen Flug braucht.	Entonces voy a hacer la reserva. ¿Necesita usted también vuelo?
No, gracias. Los compro en Internet.	Du verneinst. Du kaufst die Flüge im Internet.
In Ordnung. Du fragst nach Namen und Adresse deines Gesprächspartners.	De acuerdo. ¿Me puede decir su nombre y su dirección por favor?
Mi nombre es / Me llamo _____ . Mi dirección es _____ . Gracias y adiós.	Du sagst deinen Namen und deine Adresse, bedankst und verabschiedest dich.

8

PASO 2 **6** ¿Qué tiempo hace? Escribe el pronóstico para España en tu cuaderno.

| hoy | la noche | mañana |

El cielo[1] va a estar despejado[2]/nublado durante (casi) todo el día.
La temperatura máxima[3] va a ser de _____ grados.
La temperatura puede bajar hasta los _____ grados.
llover / nevar / hacer sol / *hacer* viento / *haber* tormentas
hacer frío/calor/_____ grados
hacer buen/mal tiempo

1 **el cielo** Himmel
2 **despejado** wolkenlos
3 **la temperatura máxima** Höchsttemperatur

PASO 3 **7** Describe y compara los paisajes de Andalucía y el País Vasco en tu cuaderno. ¿Qué similitudes y diferencias hay?

→ Ein Bild beschreiben, S. 186

→ Das zweisprachige Wörterbuch benutzen, S. 197

Andalucía: el pueblo de Olvera, campos de olivos

País Vasco: Carranza

PASO 3 **8** ● | Piensa en una excursión o en unas vacaciones que hiciste solo, con amigos o con tu familia. Describe qué hiciste, qué tiempo hacía y cómo te sentías.

Ejemplo: El mes pasado fui con mi familia a... Era un día muy bonito y hacía muy buen tiempo. Hacía mucho sol y no había ni una nube en el cielo. Hicimos...

Bevor du mit dieser Übung beginnst, lies noch einmal die Paragraphen 59 und 61 auf S. 214 im Grammatikanhang deines Schulbuches (Gebrauch des *Indefinido* und *Imperfecto*).

$\frac{G}{58}$ **9** ▶ *PRETÉRITO IMPERFECTO* ◯ **| Completa la tabla.**

Infinitivo	Presente	Imperfecto
_____	_____	existían
_____	_____	teníamos
_____	caminan	_____
_____	veis	_____
_____	hacen	_____
_____	voy	_____
_____	_____	dábamos
_____	llevas	_____
_____	_____	era

$\frac{G}{58}$ **10** ▶ *PRETÉRITO IMPERFECTO* ● **| ¿Cómo era el Camino de Santiago? Haz el ejercicio 3, página 109, del libro del curso. Luego escribe las frases y haz los cambios necesarios.**

1. Hoy muchas personas recorren el Camino de Santiago.

   Antes _____

2. Hoy existen muchos motivos para hacer el Camino.

   Antes _____

3. Hoy todos los peregrinos llevan buenos zapatos para caminar.

   Antes _____

4. Hoy muchos peregrinos van en bicicleta.

   Antes _____

5. Hoy algunos peregrinos duermen en un hotel.

   Antes _____

6. Hoy los peregrinos son hombres y mujeres.

   Antes _____

7. Hoy los peregrinos llevan mochilas.

   Antes _____

8. Hoy hacer el camino es fácil.

   Antes _____

$\frac{G}{59}$ **11** ▶ GEBRAUCH *PRETÉRITO INDEFINIDO* UND *PRETÉRITO IMPERFECTO* ● | Completa la historia de Eliana con la forma correcta del pretérito indefinido o del imperfecto.

Antes Eliana y sus padres

_____ (vivir) en

Argentina. En esa época la situación (ser)

_____ muy mala. No

_____ (haber) traba-

jo. Un día la madre

_____ (decir): ¿Por

qué no vamos a España? Tengo familia en

Galicia.

Buenos Aires

Los padres _____ (ir) a una agencia de viajes y _____ (reservar)

un vuelo a Santiago de Compostela. Pero en aquel entonces Eliana _____ (tener) mu-

chos amigos en Buenos Aires y lo _____ (pasar) bien allí. Y por eso no

_____ (querer) ir a España. Pero _____ (irse) con la familia.

$\frac{G}{60}$ **12** ▶ ADVERBIEN AUF *-MENTE* | Forma adverbios con los adjetivos siguientes y completa las frases.

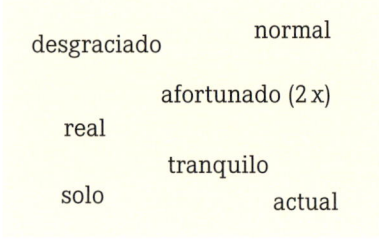

desgraciado   normal

afortunado (2 x)

real

tranquilo

solo   actual

Alexander habla del Camino de Santiago:

Antes las personas que hacían el camino eran _____ peregrinos. Siempre

hacían el camino a pie. _____ los peregrinos hacen el camino a pie, en bici

o a caballo.

Yo lo hice en bici. _____, durante mi viaje no llovió. Pero

_____ en Galicia llueve mucho.

Durante el camino conocí a dos chicos _____ muy simpáticos. Decidimos ir

juntos para disfrutar de la naturaleza.

Yo estaba muy contento cuando llegué a Santiago. _____ no hablamos galle-

go, pero _____ pudimos hablar en castellano. Después de visitar la ciudad

cogí _____ un tren y tres días más tarde llegué a Colonia.

13 ▸ DAS *PRETÉRITO INDEFINIDO* UND DAS *PRETÉRITO IMPERFECTO* IM SATZ | Relaciona las dos columnas y escribe las frases con los verbos en pretérito imperfecto y en indefinido.

1. Cuando Mario *llegar* a casa de Eliana ☐ 1

2. Cuando *estar* todos los amigos en el jardín ☐ 2

3. Mientras ellos *tomar* las tapas ☐ 3

4. Pero cuando *volver* todos a sus casas ☐ 4

☐ a | *hacer* calor otra vez.

☐ b | *hacer* sol todavía.

☐ c | *cambiar* el tiempo.

☐ d | *empezar* a llover.

8

_____

_____

_____

_____

_____

_____

_____

_____

14 ▸ DAS *PRETÉRITO INDEFINIDO* UND DAS *PRETÉRITO IMPERFECTO* IM SATZ | Sergio escribe en su diario. Elige entre el pretérito indefinido y el pretérito imperfecto.

Arzúa, 13 de agosto

Ayer en Palas de Rei no escribí/escribía nada porque estuve/estaba muy cansado... Es que caminamos/caminábamos más de 25 kilómetros. El paisaje fue/era realmente impresionante. También hizo/hacía buen tiempo, pero por la tarde de repente empezó/empezaba a llover muy fuerte. Por eso tomamos/tomábamos la decisión de ir al próximo pueblo para pasar la noche allí.

Pero en Ligonde todos los albergues estuvieron/estaban completos. Entonces decidimos/decidíamos caminar a Palas de Rei. Ahí encontramos/encontrábamos una habitación libre en el albergue «Buen Camino». ¡Menos mal! Además hubo/había una lavadora. Durante la noche hizo/hacía mucho frío porque no hubo/había calefacción - claro que en agosto no hay calefacción... ¡Qué día y qué noche!

15 Lee el e-mail de la Sra. Roth a un hotel en Bilbao, después marca la información correcta.

An: info@bilbao-estrel.es

Betreff: Reserva de habitaciones en su hotel

Estimados señores:

Somos una empresa de cerraduras de Hamburgo, Alemania, y vamos a ir a la Feria Internacional del Automóvil en Bilbao. Por eso me gustaría hacer una reserva de dos habitaciones individuales, desayuno incluido, del 12 al 15 de mayo.

Los nombres de las personas son Verena Neumann y Klaus Meister.

Además me gustaría reservar una sala de reuniones para ocho personas para el 13 de mayo desde las nueve hasta las once de la mañana, con bebidas y ordenador portátil para hacer presentaciones.

Por favor, mándenme su factura y además información sobre la comunicación entre su hotel y la Feria con transporte público. Muchas gracias.

En espera de sus noticias, les saluda atentamente,

Claudia Roth

Secretaria

BBZ Schließsysteme Hamburg

---

1. ☐ Frau Roth fährt auf eine Messe nach Bilbao.
   ☐ Frau Neumann fährt auf eine Messe nach Bilbao.
   ☐ Frau Neumann und Herr Meister fahren auf eine Messe nach Bilbao.
   ☐ Frau Roth fährt mit Frau Neumann und Herrn Meister auf eine Messe nach Bilbao.

2. Frau Roth reserviert
   ☐ 2 Einzelzimmer ohne Frühstück.
   ☐ 2 Einzelzimmer mit Frühstück.
   ☐ ein Einzel- und ein Doppelzimmer ohne Frühstück.
   ☐ ein Einzel- und ein Doppelzimmer mit Frühstück.

3. Frau Roth reserviert
   ☐ einen Messestand mit Internetanschluss und Getränken.
   ☐ einen Messestand mit Laptop und Getränken.
   ☐ einen Konferenzraum mit Internetanschluss und Getränken.
   ☐ einen Konferenzraum mit Laptop und Getränken.

4. Frau Roth bittet um
   ☐ eine Bestätigung.
   ☐ die Rechnung.
   ☐ die genaue Adresse des Hotels.

5. Frau Roth bittet außerdem um Informationen
   ☐ zur Automobilmesse.
   ☐ zur Kommunikation zwischen dem Hotel und dem Messebüro.
   ☐ zu den Transportmöglichkeiten zwischen Hotel und Messegelände.

16 En Bilbao, la Sra. Neumann y el Sr. Meister entran en la recepción del hotel. Como la Sra. Neumann no habla español, el Sr. Meister tiene que traducir. | Übernimm die Rolle von Herrn Meister und schreibe die fehlenden Dialogteile.

→ Dolmetschen, S. 197

Sr. Meister: Buenos días. Tenemos una reserva para dos personas: Sr. Meister y Sra. Neumann.

Recepcionista: Buenos días señores. Un momento, por favor. ... Sí, una reserva para dos personas para tres noches. Es la habitación 211 en el segundo piso.

Sr. Meister: Perdón, parece que hay un error. Tenemos una reserva para dos habitaciones individuales.

Recepcionista: Lo siento, pero aquí pone que la reserva es para una habitación doble.

Sra. Neumann: Was ist los, wieso gibt er uns nur einen Schlüssel?

Sr. Meister: (Deutsch)

_____

_____

_____

Sra. Neumann: Aber das ist doch unmöglich. Sag ihm, dass wir 2 Einzelzimmer brauchen. Frau Roth hat zwei Einzelzimmer reserviert.

Sr. Meister: (Spanisch)

_____

_____

_____

Recepcionista: A ver. ... Ustedes tienen suerte. Tenemos dos habitaciones individuales libres en el quinto piso. Desde ahí tienen una vista fantástica.

Sr. Meister: (Deutsch)

_____

_____

_____

Sra. Neumann: Da haben wir noch mal Glück gehabt. Ach, bitte frag ihn, ob sie den Konferenzraum morgen eine halbe Stunde früher vorbereiten können.

Sr. Meister: (Spanisch)

_____

_____

Recepcionista: Sí, no hay problema. La sala va a estar lista a las ocho y media.

Sr. Meister: (Deutsch)

_____

_____

Sra. Neumann: Sehr schön. Bedanke dich bitte auch für mich. Und dann lass uns nach oben gehen, wir werden schon auf der Messe erwartet.

Sr. Meister: (Spanisch)

_____

G 59
G 61

1 Marina está pasando las vacaciones en Galicia. Les escribe un correo a sus amigas en Granada. Completa el correo electrónico con las formas correctas del pretérito imperfecto y del pretérito indefinido.

Hola, chicas:

¿Qué tal estáis? Yo muy bien, muy feliz. Cuando _____ (llegar) a Galicia hace

tres semanas, _____ (llover) todo el tiempo y _____

(hacer) frío. Pero el domingo pasado el tiempo _____ (cambiar) y

_____ (ser) un día estupendo para mí: _____

(hacer) sol y no _____ (haber) mucha gente en la playa. Yo

_____ (leer) un libro y _____ (escuchar) el último

cedé de Manu Chao. Todo _____ (estar) muy tranquilo...

De repente _____ (llegar) un chico alto y rubio, que

_____ (venir) hacia mí y me _____ (decir): «Hola,

me llamo Pablo... y tengo un problema. No encuentro las llaves de mi casa y no tengo aquí el móvil para lla-

mar a mis padres.» Entonces yo le _____ (dar) mi móvil y así Pablo

_____ (poder) llamar y resolver su problema. Pero lo importante es que desde

entonces Pablo y yo somos amigos, muy buenos amigos...

Bueno, pasadlo muy bien en Granada.

Besos, Marina

G 58

2 Ordena los párrafos y cuenta lo que dice Asunción sobre el Camino de Santiago.

Muchos vienen en bici o a caballo. Antes no _____ (existir) esa posibilidad, todas las personas _____ (ir) a pie.

Además, en aquel entonces sólo _____ (haber) un albergue y cuando _____ (estar) completo algunos peregrinos _____ (quedarse) a dormir en nuestra casa. Hoy hay muchos albergues. Y es mejor así.

Cuando yo _____ (ser) joven, _____ (verse) pocos peregrinos por aquí. Hoy en día la ciudad se llena de gente en verano, vienen personas de todas partes del mundo.

Antes todas las personas que _____ (hacer) el camino _____ (ser) peregrinos. _____ (caminar) por motivos religiosos. Hoy muchos jóvenes vienen porque les gusta la naturaleza y quieren conocer el país.

COMPRENSIÓN AUDITIVA

VAMOS 1 🎧26 **Escucha los tres diálogos. ¿Con cuáles de los carteles puedes asociarlos? Escribe el número del diálogo en la casilla.**

Miles de niños y niñas como José, mueren en el mundo por falta de atención médica y medicinas.

Tú puedes cambiar su historia

¡Apadrina!

ONG
Ayudemos a un@ NIÑ@
902 14 20 14
www.ayudemosaunnino.org

No lo abandones
El nunca lo haría

Intermón Oxfam
Soy IO

DA LA CARA POR LOS DERECHOS DE LA MUJER

13ª FIESTA DE LA SOLIDARIDAD
UN DÍA PARA LA ESPERANZA
0'7

902 330 331

ENTRA EN LA ESPIRAL DE LA SOLIDARIDAD

Hazte Voluntari@

Infórmate en: 900 444 555
www.madrid.org/voluntarios

ΣM
Comunidad de Madrid

PASO 1 **2** 🎧27 **En la revista «Voluntarios» salen historias de voluntarios que se han ido a otros países para ayudar a los demás. Escucha la historia de Ainhoa y contesta las preguntas.**

DELE

1. Ainhoa es una persona
   ☐ tranquila.   ☐ muy alegre.   ☐ bastante seria.

2. Empezó a realizar tareas de voluntariado
   ☐ a los 16 años.   ☐ a los 21 años.   ☐ a los 30 años.

3. Ainhoa trabajó de voluntaria en
   ☐ Senegal.   ☐ Malawi.   ☐ Kenia.

4. Primero Ainhoa trabajó en
   ☐ un centro para niños.   ☐ un hospital.   ☐ un comedor infantil.

5. A la gente con necesidad le daban alimentos básicos, como por ejemplo
   ☐ pan y maíz.   ☐ arroz y frutas.   ☐ arroz y maíz.

6. Las clínicas móviles visitan
   ☐ a la gente en sus pueblos.   ☐ a los niños en el instituto.   ☐ a los enfermos en la calle.

7. Según Ainhoa, trabajar de voluntario es muy bonito pero también hay momentos en que uno se siente
   ☐ triste.   ☐ solo.   ☐ inseguro.

PASO 2 **3** **Lee el texto, después marca si la información es correcta o falsa.**

EL CONSUMO CULTURAL

Sabemos leer pero no leemos libros, tampoco periódicos, y de leer alguno, leemos deportivos. Nos encanta echar lágrimas[1] frente a una pantalla[2] provocadas por *reality shows* y telenovelas. Lo del teatro es algo que sabemos que existe pero donde nunca hemos estado, como en la luna. Y si somos jóvenes estamos con los cascos puestos escuchando algo de rock.

Analfabetos funcionales

5 Es cierto[3] que la mitad de la población actual no lee nunca, y eso en uno de los países que se encuen-
10 tran entre los más avanzados de este planeta. Estudios dicen que sólo una tercera parte lee con regularidad. Entre los que leen periódicos, los hombres prefieren las noti-
15 cias deportivas, políticas y económicas, y las mujeres se interesan por la cultura, la decoración, la moda y las revistas de asuntos sentimentales. Pero los españoles vemos mucho la tele, aunque la mayoría dice que quiere ver menos. Y vamos
20 mucho al cine. Los españoles vamos más al cine que el promedio[4] de los europeos, y aunque el cine español es cada vez más valorado[5], las películas que más se ven son las producidas en los Estados Unidos. Son los jóvenes con formación
25 universitaria los que demuestran mayor interés por el cine. A partir de los 35 años la asistencia desciende; según[6] los encuestados[7] debido a[8] las responsabilidades familiares.

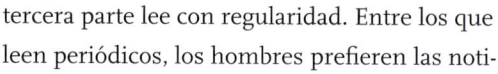

Música

30 La música sí forma parte de la vida cotidiana de los españoles. Los jóvenes hasta los 25 años suelen escuchar pop-rock
35 regularmente. A medida que crece la edad los gustos se van templando y las personas maduras[9] muestran sus preferencias por las baladas y la música iberoamericana. Es en las personas ma-
40 yores donde la pertenencia[10] a una clase social u otra influye más en el gusto musical: el folclore regional para las clases media y baja, mientras que en las clases de nivel cultural alto se manifiesta un mayor interés por la música sinfónica.
45 Lo que no parece despertar el entusiasmo de los españoles sea cual sea su edad, sexo, raza o condición social es el teatro. Los habitantes de un país que ha dejado nombres escritos en las piedras como Calderón, Lope, Lorca o Tirso aceptan
50 que tres de cada cuatro no han ido nunca al teatro.

según © *Pilar Gasca, Socióloga, 2000*

1 **echar lágrimas** Tränen vergießen 2 **la pantalla** Bildschirm 3 **cierto/-a** richtig, wahr 4 **el promedio** Durchschnitt 5 **valorar** wertschätzen 6 **según** laut, gemäß 7 **el/la encuestado/-a** Befragte/r 8 **debido a** aufgrund 9 **maduro/-a** reif 10 **la pertenencia** Zugehörigkeit

	c	f
1. Etwa die Hälfte der Spanier liest regelmäßig Bücher.	☐	☐
2. Männer lesen häufiger über Politik, Frauen häufiger über Kultur.	☐	☐
3. Die Spanier gehen häufiger ins Kino als die meisten anderen Europäer.	☐	☐
4. Spanische Filme sind in Spanien beliebter als amerikanische.	☐	☐
5. Studenten gehen verhältnismäßig selten ins Kino.	☐	☐
6. Personen über 35 Jahren haben zunehmend familiäre Verpflichtungen.	☐	☐
7. Musik ist in Spanien ein wichtiger Bestandteil des Alltags.	☐	☐
8. Musikgeschmack ist in Spanien oft mit sozialer Herkunft verbunden.	☐	☐
9. Theater ist in Spanien fast so beliebt wie Kino.	☐	☐

PASO 2 **4** Estás haciendo un intercambio en Madrid y estás charlando con un/a amigo/-a. Haced el tándem.

A	B
Du fragst deine/n Freund/in, was er/sie heute Morgen gemacht hat.	¿Qué has hecho esta mañana?
¿Esta mañana? Pues, he dormido hasta las seis. Después me he levantado, me he duchado y he desayunado muy rápido, sólo un café y galletas.	Heute Morgen hast du bis 6 Uhr geschlafen, dann bist du aufgestanden, hast geduscht und schnell einen Kaffee und Kekse gefrühstückt.
Du fragst, warum er/sie so früh aufgestanden ist. Heute ist doch Samstag.	¿Por qué te has levantado tan temprano? Hoy es sábado.
(Es que) He trabajado en un evento benéfico que ha empezado bastante temprano.	Du hast auf einer Benefizveranstaltung gearbeitet, die recht früh begonnen hat.
Du fragst, ob er/sie wieder bei einem Benefizkonzert Getränke verkauft hat.	¿Has vendido bebidas en un concierto benéfico otra vez?
Esta vez no ha sido un concierto sino una fiesta. La ha organizado un grupo de bolivianos. Han hecho una presentación sobre los problemas que tiene la gente joven en su país. Nosotros hemos vendido comida. El dinero que hemos ganado lo vamos a mandar a un centro de niños en La Paz. También ha tocado un grupo de música boliviano.	Dieses Mal war es kein Konzert, sondern ein Fest, das eine Gruppe Bolivianer organisiert haben. Sie haben eine Präsentation über die Probleme junger Leute in ihrem Land gehalten. Ihr habt Essen verkauft. Das Geld, das ihr verdient habt, werdet ihr an ein Kinderzentrum in La Paz schicken. Es hat auch eine bolivianische Band gespielt.
Du hast diese Woche im Fernsehen eine Dokumentation zum gleichen Thema gesehen. Sie hat dich sehr beeindruckt. Du sagst ihm/ihr, dass er/sie dir Bescheid sagen soll, falls er/sie wieder mal auf einer Benefizveranstaltung arbeitet. Du wirst dann mitkommen.	Esta semana he visto un documental en la tele sobre el mismo tema. ¡Me ha impresionado mucho! Oye, si trabajas otra vez en un evento benéfico, me lo dices, ¿vale? Voy a ir contigo.
(Pues) Perfecto. / ¡Qué bien! ... Otra cosa / Cambiando de tema, esta tarde me ha llamado Juan. Me ha dicho que esta noche hace una fiesta en su casa. ¿Qué dices, vamos ahí? / ¿Quieres ir conmigo?	Das findest du super. Du wechselt das Thema und sagst, dass dich Juan heute Nachmittag angerufen hat. Er hat dir gesagt, dass er heute Nacht eine Party bei sich zu Hause macht. Du fragst deine/n Freund/in, ob ihr dort hin gehen wollt.
Du würdest gerne mitkommen. Aber du hast dich schon mit deiner Mitbewohnerin Katja verabredet. In diesem Moment stellst du fest, dass du eine SMS empfangen hast. Du sagst deinem/-r Freund/in, dass er/sie einen Moment warten soll. ... Du sagst, dass die SMS von Katja ist. Sie fragt, ob du Lust hast, heute Abend auf eine Party zu gehen. Sie sagt, dass sie gerade einen sehr netten Jungen kennengelernt hat. Er heißt Juan und hat euch zu einer Party bei ihm zu Hause eingeladen.	Sí, me gustaría ir (contigo). Pero ya he quedado con mi compañera de piso Katja. ... Espera un momento, (es que) acabo de recibir un mensaje. ... Es de Katja. Quiere saber si tengo ganas de ir a una fiesta esta noche. Dice que acaba de conocer a un chico muy simpático. Se llama Juan y nos ha invitado a una fiesta en su casa.
¡No es posible!	Du rufst erstaunt, dass das nicht möglich sei.

PASO 3 **5** Esta mañana has llegado a Quito, donde vas a pasar los próximos tres meses haciendo prácticas en una escuela, enseñando alemán. Por la noche escribes un e-mail a tu familia. Cuenta qué ha pasado en tu primer día en Ecuador. Utiliza también algunas de las palabras del recuadro.

antes de
al
después de
hasta   + infinitivo
por
para

PASO 3 **6** ● | Mira el cartel y explica qué significan los diez derechos de los niños en concreto. Da ejemplos y escribe tu texto en tu cuaderno.

→ Das zweisprachige Wörterbuch, S. 197

Puedes empezar así:

Todos los niños del mundo tienen derechos. El primero de los diez derechos de los niños es que tienen el derecho a ser niños. Esto significa que pueden jugar y que no tienen que trabajar. Además ...

→ Textinhalte erläutern, S. 192

El segundo derecho quiere decir que ＿＿＿   Esto significa ＿＿＿   Por ejemplo, ＿＿＿

Este derecho puede significar que ＿＿＿   Además ＿＿＿

tercero/-a
cuarto/-a
quinto/-a
sexto/-a
séptimo/-a
octavo/-a
noveno/-a
décimo/-a

7 ▶ *ACABAR DE* + INFINITIV | La Universidad de Alcalá está organizando un evento benéfico. Ana participa también. Completa sus respuestas utilizando una forma de *acabar de …* o *ir a …* y el infinitivo de uno de los verbos del recuadro. A veces tienes que poner el complemento directo (*la/s* y *lo/s*) también.

llegar	tocar	esperar	poner (x2)
venir	llamar (x2)	llevar (x2)	

La profesora García

1. Hola, Ana. Acabo de llegar. ¿Qué tal por aquí?

2. ¿Y dónde están los carteles?

3. Muy bien. Y oye, ¿el médico que trabaja para MSF viene o no?

4. Muy bien. Y los chicos del grupo de música, ¿tienen todo lo que necesitan?

5. Conoces al grupo, ¿verdad?

6. Espero que sí. ¿Hay suficientes sillas en la sala?

7. Sí, es más que suficiente. ¿Y la comida?

8. ¿Qué más nos falta entonces?

Ana

Bien, bien. Rubén y yo estamos aquí desde hace una hora y los otros, como usted, _____.

Rubén y yo _____ _____ a la sala.

_____ para decir que _____ a las ocho.

Sí, están contentos con el ambiente y _____ _____ todo en la sala.

No, no lo conozco pero creo que _____ _____ bien.

Creo que sí. Jorge y Nuria _____ _____ 50 sillas más.

Deben ser suficientes ahora, ¿no cree?

_____ al jefe del restaurante y dice que su gente _____ _____ a las nueve y media.

No nos falta nada. _____ a la gente y podemos descansar un poco.

$\frac{G}{62}$

8 🎧28 ▶ **DIE INDIREKTE REDE UND FRAGE IM PRÄSENS** | Escucha y reacciona. Estás en un parque de Madrid con un amigo. En este momento te llama por móvil tu amiga Sara. Explica a tu amigo qué dice Sara.

1. Es Sara. Dice que ahora está en Albacete, pero que va a volver por la noche. _____

_____

_____

_____

_____

9 ▶ *PRETÉRITO PERFECTO* | Después del bar «Limón» Ana vuelve a su piso y habla en la cocina con sus compañeros antes de acostarse. Completa el diálogo.

Rubén: ¿De dónde vienes tan tarde?

Ana: Primero _____ a un evento de Médicos Sin Fronteras con | ir

Pablo y Miguel y después _____ en el bar «Limón» con ellos | estar

y Laura. ¿Y qué tal tu día? ¿_____ mucho para tu examen? | estudiar

Rubén: Sí. _____ otra vez con todos los exámenes de los otros | trabajar

años pero todavía no _____ contestar todas las preguntas. | saber

Esta asignatura es súper difícil para mí.

Maribel: Tampoco es para tanto, Rubén. Hasta ahora _____ | aprobar

todo y siempre _____ una buena nota, tío. | sacar

Ana: Es verdad.

Rubén: Sí, pero para los últimos exámenes nunca _____ que | tener

prepararme solo. Raúl y yo siempre _____ juntos. | estudiar

Maribel: ¿_____ algo entre vosotros? ¿Por qué no os | pasar

_____ juntos esta vez? | preparar

Rubén: No, ¡qué va! Raúl _____ el curso en el extranjero. | pasar

Acaba de volver pero sus padres y él _____ que no se presenta | decidir

para este examen.

Ana: Bueno, chicos. Os dejo. Suerte para mañana, Rubén.

10 ▶ *PRETÉRITO PERFECTO* (VERBOS REGULARES E IRREGULARES) | Ana y sus compañeros de piso a veces no se ven. Por eso se dejan notas. Completa las notas utilizando el pretérito perfecto de los verbos que están entre paréntesis:

1
_____ (llamar) Laura y Pablo. _____ (decir) que van a ir al bar Limón esta tarde. Besos, Maribel ☺

3
Rubén, _____ (ir) al mercado para comprar más fruta y papel higiénico. Cenamos juntos, ¿vale? ¿Y qué tal el examen, lo _____ (hacer) bien? Hasta luego, Ana

2
_____ (estar) aquí Jorge y Raúl. Lo _____ (pasar, nosotros) muy bien. _____ (jugar) mucho con tu portátil. Te _____ (mandar) un mensaje por el móvil. Rubén

4
Ana y Rubén, vuelvo en una hora. _____ (salir) para tomar un café con mi novio. ¿_____ (encontrar) mis gafas de sol? Otra vez no las _____ (poder) encontrar. Besos, Maribel

11 ▸ *PRETÉRITO PERFECTO* ▸ **ZWEI OBJEKTPRONOMEN IM SATZ | Contesta las preguntas con las palabras entre paréntesis y utiliza los complementos directos e indirectos como en el ejemplo.**

Ejemplo:

¿Ya os habéis preparado el texto para la invitación?

(todavía – imaginar / pero/ poder – imaginar – esta noche)

No, <u>todavía no nos lo hemos preparado pero podemos preparárnoslo esta noche.</u>

1. ¿Ya te has comprado el documental de Médicos Sin Fronteras?

   (todavía – comprar / pero / querer – comprar – esta tarde)

   No, _____

   _____

2. Me has recomendado donar sangre para Médicos Sin Fronteras, ¿verdad?

   (recomendar / pero / querer – recomendar)

   No, _____

   _____

3. ¿Ya les has explicado a tus amigos por qué no quieres ir a la manifestación?

   (todavía – explicar / pero / poder – decir – mañana)

   No, _____

   _____

4. ¿Nos habéis contado la verdad o no?

   (todavía – contar / pero / querer – contar – la próxima vez)

   No, _____

   _____

5. ¿Ya le habéis dado al chico vuestro donativo para la campaña contra el maltrato de animales?

   (todavía – dar / pero / ir a dar – la semana que viene)

   No, _____

   _____

6. ¿Ya han mandado las entradas gratuitas a los voluntarios?

   (todavía – mandar / pero / ir a mandar – ahora mismo)

   No, _____

   _____

12 ▸ **ZWEI OBJEKTPRONOMEN IM SATZ | El padre de Laura tiene muchas ideas y preguntas. Contesta al padre utilizando los complementos directos e indirectos.**

1. + Manda las gafas a tu abuela, por favor.

   – Ya <u>se las he mandado.</u>

2. + Cómprate una falda nueva y otra blusa para el trabajo.

   – Ya _____.

3. + Demuestra a tu jefa que ya sabes organizar eventos y reuniones.

   – Ya _____.

4. + Diles a tus amigos que pueden ver la película en nuestra casa si quieren.

    – Ya _____.

5. + Explícame otra vez cómo se manda un mensaje por móvil, por favor.

    – ¡Ya _____ cinco veces!

6. + Pregúntale a Ana si quiere ir a comer el domingo.

    – Ya _____.

G/67 **13** ▶ *LLEVAR, SEGUIR* UND *IR* + *GERUNDIO* | **Escribe las frases utilizando** *llevar*, *seguir* **o** *ir* + **gerundio.**

1. Busca trabajo <u>desde hace seis meses</u>.

    Lleva seis meses buscando trabajo.

2. <u>Todavía</u> trabaja para esta empresa.

    _____

3. Vive en Madrid <u>desde hace diez años</u>.

    _____

4. <u>Todavía</u> vive en Madrid.

    _____

5. Gracias al nuevo profe de Matemáticas comprendo <u>cada vez</u> más.

    _____

6. ¿<u>Todavía</u> sale con su novia Clara?

    _____

7. Ya salen juntos <u>desde hace ocho meses</u>.

    _____

8. ¿Dónde está Pablo? ¿Está viendo la tele <u>todavía</u>?

    _____

G/68 **14** ▶ **DER INFINITIV NACH PRÄPOSITIONEN** | **a) Termina las frases.**

| me acosté un momento | tomé un taxi | no voy a poder salir con vosotros |
| quiero hacer una llamada importante | no pude decir nada | tuve que repetir el curso |

Antes de salir de casa _____.

Hasta no terminar mi trabajo _____.

Por no estudiar bastante _____.

Después de comer _____.

Al entrar a la oficina _____.

Para llegar a tiempo _____.

b) Ahora inventa frases utilizando las siguientes preposiciones.

Antes de _____ .

Hasta _____ .

Por _____ .

Después de _____ .

Al _____ .

Para _____ .

G/69 **15** ▶ **DIE VERDOPPELUNG DES OBJEKTS** | **Completa las frases con un complemento directo o indirecto si son necesarios.**

1. El abrigo no me _____ he puesto porque hoy ha hecho bastante calor.

2. A la directora todavía no _____ he encontrado.

3. Este año _____ he pasado unas semanas fantásticas en Asturias.

4. Los deberes nunca _____ he hecho en casa.

5. El dinero que ganaron en el evento _____ donaron a los Médicos Sin Fronteras.

6. No, gracias pero esta película ya _____ he visto tres veces.

7. Las fotos te _____ mando con el próximo e-mail, ¿vale?

8. El intercambio escolar _____ gustó mucho a los alumnos.

9. Muchos padres _____ dan consejos a sus hijos.

G/59 G/61 G/64 **16** ▶ *PRETÉRITO INDEFINIDO, PRETÉRITO IMPERFECTO, PRETÉRITO PERFECTO* ● | **Felix escribe una carta a su amiga Yolanda. Subraya las palabras claves y elige el tiempo del pasado correcto.**

Hola, Yolanda:

Ya **ha pasado / pasó / pasaba** casi un mes desde que **he llegado / llegué / llegaba** a Guamote y ahora te puedo contar más cosas sobre mi vida aquí. Antes no **he podido / pude / podía** imaginarme la vida de esta gente. Me **ha sorprendido / sorprendió / sorprendía** ver cuántas personas no saben leer ni escribir. Además ahora **he conocido / conocí / conocía** a muchos padres de mis alumnos que no saben hablar español. Como yo no sé hablar el kichwa, que es el idioma de los habitantes de Guamote, ya **he tenido / tuve / tenía** algunos problemas. Por ejemplo el otro día me **han visitado / visitaron / visitaban** los padres de una alumna que **han llegando / llegaron / llegaban** para buscar a su hija porque la **han necesitado / necesitaron / necesitaban** en casa. La abuela de la chica **ha estado / estuvo / estaba** muy enferma y la chica **ha llorado / lloró / lloraba**[1], y yo **he pensado / pensé / pensaba** que **ha llorado / lloró / lloraba** por su abuela y no **he entendido / entendí / entendía** que no **ha querido/ quiso / quería** volver a su pueblo porque **ha preferido / prefirió / prefería** seguir estudiando Informática conmigo. Ese día me **he sentido / sentí / sentía** muy mal. Pero también me voy acostumbrando cada vez más a esta cultura. El último fin de semana me **he ido / fui / iba** con un voluntario de Estados Unidos que ya lleva medio año trabajando aquí en «la Nariz del Diablo». Por supuesto **hemos hecho / hicimos / hacíamos** el famoso viaje en tren[2]. **Ha sido / Fue / Era** fantástico aunque **ha hecho / hizo / hacía** mucho frío. Bueno, ya es tarde y tengo que dormir.

Buenas noches ☺

Felix

1 **llorar** weinen 2 **el tren** Zug

17 a) Lee la carta, después relaciona las palabras nuevas con la
traducción correcta.

→ Wörter erschließen, S. 180

Técnica de automóviles Getxo S.L.

Calle Alcalá 54 • Bilbao • España

BBZ Schließsysteme Hamburg
Industriepark Reinbek
21465 Hamburg

Asunto: Pedido N° 7563

Bilbao, 19 de mayo de 2010

Estimado Sr. Meister:

Primero quiero agradecerle la agradable conversación en la Feria del Automóvil en Bilbao del corriente mes. Muchas gracias también por su oferta del 13 de mayo de 2010. Con referencia a su oferta les pedimos el suministro de 1.100 unidades de cerraduras[1]. Por favor comuníquenos lo antes posible el precio del transporte y la fecha de llegada de la mercancía a nuestro almacén en la dirección que usted puede ver arriba.

Le saluda atentamente,

Marina López Molina

---

1 **la cerradura** Schloss

el pedido	1	☐	das Lager
del corriente mes	2	☐	die Bestellung
la oferta	3	☐	die Ware
el suministro	4	☐	die Transportkosten
la unidad	5	☐	die Einheit, das Stück
por favor comuníquenos	6	☐	das Ankunftsdatum
el precio del transporte	7	☐	teilen Sie uns bitte mit
la fecha de llegada	8	☐	dieses Monats
la mercancía	9	☐	das Angebot
el almacén	10	☐	die Lieferung

b) Lies den Geschäftsbrief noch einmal und kreuze an, ob die Aussagen richtig oder falsch sind.

	r	f
1. Frau López schickt eine Bestellung an BZZ Schließsysteme Hamburg.	☐	☐
2. Frau López und Herr Meister haben sich im letzten Monat in Bilbao getroffen.	☐	☐
3. Herr Meister hat Frau López bereits ein Angebot unterbreitet.	☐	☐
4. BZZ Schließsysteme Hamburg trägt die Transportkosten für die Lieferung.	☐	☐
5. Die Schlösser sollen nach Hamburg geschickt werden.	☐	☐

c) Wie würdest du diese Begriffe auf Deutsch schreiben?

Asunto

Estimado ...

Le saluda atentamente

_____

_____

_____

9

AUTOCONTROL

G
64
G
65

1 **Completa las frases poniendo los correspondientes verbos de la derecha en el pretérito perfecto.**

1. Hoy _____ (nosotros) hasta la diez de la noche en un concierto benéfico.	trabajar
2. Todavía no _____ (vosotros) las razones, ¿verdad?	entender
3. Esta tarde mi novio _____ de sus vacaciones.	volver
4. + ¿Qué _____ tus padres sobre tu boletín de notas?	decir
– Todavía no lo _____ .	ver
5. En este evento _____ (vosotros) muchas de vuestras cualidades positivas.	demostrar
6. Hasta ahora todos los candidatos _____ las expectativas.	cumplir
7. ¿_____ (vosotras) ya que nuestro voluntario hace un trabajo fenomenal?	notar
8. Mi novio me _____ hoy.	sorprender
9. Hoy _____ (nosotras) ropa elegante para el evento.	ponerse
10. Nuestro perro _____ esta noche.	morir
11. Todavía no _____ (nosotros) a ningún país de Asia.	viajar
12. ¿Cómo os _____ (vosotros) durante la conversación con la nueva jefa de personal?	sentir
13. + ¿Ya le _____ tu problema a Laura?	contar
– No, todavía no la _____ .	ver

G
64
G
65

2 **Pretérito perfecto o pretérito indefinido? Subraya las palabras clave y elige el tiempo del pasado correcto.**

1. Esta mañana nosotros _____ (leer) una entrevista muy interesante en el periódico.

2. En esta entrevista el Sr. Maza _____ (hablar) sobre la crisis económica.

3. Él _____ (trabajar) en la SEAT durante 25 años.

4. Desde 1998 hasta 2005 _____ (ser) presidente.

5. En octubre de 2008 _____ (empezar) la crisis en EE. UU.

6. Poco después _____ (llegar) a todo el mundo.

7. Hasta hoy miles de personas _____ (perder) su trabajo.

8. Por suerte, ya se ve luz al final del túnel. Ya se _____ (vender) dos millones de coches.

10 EL MEDIO AMBIENTE

COMPRENSIÓN AUDITIVA

PASO 1 **1** 🎧29 **Escucha el spot publicitario de una cadena de radio de Perú y contesta las preguntas en tu cuaderno.**

1. En tu opinión, ¿a quién se dirige[1] este spot?
2. ¿Cuál es el tema del spot?
3. ¿Qué dice el primer niño sobre los restos de la comida?
4. Termina y explica la frase que dice el segundo niño: «Recuerda que...».
5. ¿Qué día es el 5 de junio?

1 **dirigirse (a alg.)** (sich an jdn.) wenden, richten

PASO 2 **2** 🎧30 **a) Maite y Juan salen del instituto. Ahí ven a Roberto, su amigo. Escucha el diálogo, después marca si la información es correcta (c), falsa (f) o no está en el texto (?).**

	c	f	?
1. Roberto se implica en un grupo ecológico.	☐	☐	☐
2. El sábado es el cumpleaños de Maite.	☐	☐	☐
3. Roberto y su grupo luchan contra una fábrica de química.	☐	☐	☐
4. Juan se enfada con Roberto.	☐	☐	☐
5. Hay cada vez más fábricas en la ciudad.	☐	☐	☐
6. Juan y Maite se pelean muy a menudo.	☐	☐	☐
7. Roberto y su grupo organizan una manifestación.	☐	☐	☐
8. Roberto no va a la disco porque es demasiado tarde.	☐	☐	☐

🎧30 **b) Escucha otra vez y contesta: ¿Qué quieren Roberto, Maite y Juan?**

Roberto quiere _____

_____

_____

Maite quiere _____

Juan quiere _____

_____

PASO 3 **3** 🎧31 **a) Carmen llama al Ayuntamiento[1] para quejarse de los contenedores de vidrio[2] de enfrente de su casa. Escucha el diálogo y toma apuntes en tu cuaderno.**

– ¿Dónde vive Carmen?
– ¿Qué piensa Carmen sobre la separación de la basura[3]?
– ¿Por qué se queja de los contenedores?
– ¿Qué consejo le da el empleado del Ayuntamiento?

1 **el Ayuntamiento** Rathaus
2 **el contenedor de vidrio** Glascontainer
3 **la separación de la basura** Mülltrennung

🎧31 **b) Escucha otra vez. ¿Qué significa el verbo _tirar_?**

_____

PASO 3 **4** ● | **a) Lies den Text und erschließe dir die Bedeutung der unterstrichenen Wörter mit Hilfe einer Tabelle. Gib bei jedem Wort an, ob du es aus dem Kontext verstehst oder du verwandte Wörter aus dem Spanischen, dem Deutschen oder anderen Fremdsprachen kennst.**

→ Wörter erschließen, S. 180

Wort	Kontext (✗)	verwandtes span. Wort	Dt. / Engl. / Franz. / ...	Bedeutung
(la) alerta			engl.: alert	Alarm
ambiental		el medio ambiente		

Decretan[1] alerta ambiental en Santiago de Chile por la contaminación del aire

Las autoridades de Santiago de Chile decretaron este viernes la primera alerta ambiental del año tras[2] registrarse en las últimas horas un empeoramiento[3] de la calidad del aire.

La medida[4] supone[5] la salida de la circulación de cerca de 150.000 automóviles y hay una estricta fiscalización[6] del cumplimiento de la medida. Estos vehículos suponen el 40 % de los automóviles que carecen de convertidor catalítico[7].

La alerta de este viernes supone además otras medidas, como la prohibición de utilizar leña[8] en sistemas de calefacción y la recomendación de abstenerse de realizar actividades deportivas al aire libre.

Una ciudad en problemas

A las 07:00 horas del viernes, según las estaciones de medición[9] instaladas en diversos sectores de la ciudad,

el índice[10] de partículas nocivas[11] por metro cúbico de aire era de 209 miligramos, nivel[12] considerado malo, en el sector de Cerro Navia.

En Santiago Centro, Pudahuel, Cerrillos y Quilicura el índice era regular (entre 100 y 200 miligramos de partículas) y bueno (entre 0 y 100 miligramos) en Independencia, Las Condes, El Bosque, Puente Alto y Talagante.

La capital chilena es la segunda ciudad más contaminada de América Latina después de Ciudad de México y registra constantes episodios de alerta ambiental, principalmente en otoño e invierno (abril-septiembre).

La situación de alerta rige hasta las 24.00 hora local del viernes.

Agencia Efe S.A., Santiago de Chile, 2010 (texto abreviado)

10

1 **decretar** anordnen 2 **tras** nachdem 3 **el empeoramiento** Verschlechterung 4 **la medida** Maßnahme 5 **suponer** *hier:* bedeuten 6 **la fiscalización** Kontrolle, Überwachung 7 **el convertidor catalítico** Katalysator 8 **la leña** Brennholz 9 **la estación de medición** Messstation 10 **el índice** Index, Messwert 11 **nocivo-a** gesundheitsschädlich 12 **el nivel** Niveau, Stand

b) Lee otra vez el texto y marca con una x si la información es correcta o falsa.

→ Selektives Leseverstehen, S. 184

	c	f
1. Santiago de Chile tiene problemas con la calidad del aire.	☐	☐
2. En Santiago de Chile hay 150.000 coches.	☐	☐
3. De momento es mejor no hacer deporte al aire libre.	☐	☐
4. En Cerro Navia la calidad del aire es regular.	☐	☐
5. En Ciudad de México hay más contaminación que en Santiago de Chile.	☐	☐
6. Hay más contaminación en otoño e invierno que en verano.	☐	☐
7. En Santiago de Chile el invierno es de diciembre a febrero.	☐	☐

PASO 1 **5** Tienes un/a compañero/-a de piso de Galicia. A él/ella le importa mucho el medio ambiente. A veces tenéis opiniones diferentes y discutís. Trabajad en parejas y haced el tándem.

tú	tu compañero/-a de piso
Du begrüßt deine/n Mitbewohner/in, der/die gerade hereinkommt und fragst, wo er/sie herkommt.	Hola. ¿De dónde vienes?
Vengo de una manifestación contra el aeropuerto nuevo.	Du kommst von einer Demo gegen (*contra*) den neuen Flughafen.
Du fragst, welches Problem er/sie mit den Plänen für den neuen Flughafen hat.	¿Cuál es tu problema con los planes para el aeropuerto nuevo? / ¿Qué problema tienes con...?
Primero, no necesitamos otro aeropuerto en esta región. Ya hay uno que está bastante cerca. Y segundo, ¡hay que volar menos, no más!	Erstens braucht man deiner Meinung nach keinen weiteren Flughafen in dieser Region. Es gibt schon einen, der ziemlich nahe liegt. Und zweitens muss man weniger fliegen, nicht mehr!
Nun, es stimmt, dass man nicht weiterhin so viel fliegen kann wie jetzt. Aber manchmal muss man fliegen, wenn man in den Urlaub will.	Bueno, es verdad que no se puede seguir volando tanto como (se hace) ahora. Pero a veces hay que volar cuando quieres ir de vacaciones.
Claro, cuando quieres viajar muy lejos, entonces tienes que volar. Pero uno no viaja todos los años a México, ¿verdad?	Klar, wenn man sehr weit verreisen will, muss man fliegen. Aber man verreist ja nicht jedes Jahr nach Mexiko.
Du gibt's ihm/ihr Recht. Innerhalb (*dentro de*) Europas kann man auch mit dem Zug oder dem Bus fahren. Das ist viel umweltbewusster. Aber jetzt sollt ihr in die Küche gehen. Du möchtest kochen.	Tienes razón. Dentro de Europa se puede viajar también en tren o en autobús. Es mucho más ecológico. ... Anda, vamos a la cocina. Quiero cocinar.
Oye, ¿por qué has puesto el lavaplatos otra vez?	Du fragst, warum er/sie schon wieder den Geschirrspüler angemacht hat.
Du sagst, dass es schon keine sauberen (*limpio/-a*) Teller mehr gab.	Es que ya no había platos limpios.
Por favor, no pongas el lavaplatos sólo por los platos. Está medio vacío. Así gastamos mucha agua y mucha electricidad.	Du sagst, dass er/sie bitte den Geschirrspüler nicht nur wegen den Tellern anmachen soll. Er ist halb leer. Auf diese Weise verbraucht ihr viel Wasser und viel Strom.
Du sagst, dass ihr dann mehr Teller kaufen müsst. Ihr braucht Teller zum Essen, oder etwa nicht?	Entonces tenemos que comprar más platos. Necesitamos platos para comer, ¿o no?
No te enfades. Tienes razón, podemos comprar más platos.	Du sagst, dass er/sie sich nicht ärgern soll. Er/Sie hat Recht, ihr könnt mehr Teller kaufen.
In Ordnung. Und jetzt wird gekocht! Du hast Bio-Essen gekauft, weil du weißt, dass er/sie das mag.	Está bien. Y ahora, ¡a cocinar! He comprado comida ecológica porque sé que a ti te gusta.
¡Tu sí que eres un/a buen/a compañero/-a de piso!	Du sagst, dass er/sie wirklich ein/e tolle/r Mitbewohner/in ist.

VAMOS **6** Comenta la imagen y el texto de este anuncio en tu cuaderno.

- Describe la imagen.
- Explica su significado.
- Explica por qué las bolsas de plástico son un problema.
- ¿Piensas que el anuncio comunica bien su mensaje? ¿Por qué (no)?

→ Eine persönliche Stellungnahme verfassen, S. 192

1 **podremos** werden wir [...] können 2 **respirar** atmen

Con menos bolsas de plástico todos podremos respirar más tranquilos

VAMOS **7** a) Mira el cartel del Día Mundial del Agua y descríbelo en tu cuaderno.

→ Ein Bild beschreiben, S. 186

GENERANDO CONSCIENCIA
ENTRE TODOS, PODEMOS!!!
AYUDAME/AYUDATE/AYUDALOS

generar consciencia Bewusstsein schaffen
la Tierra Erde
el globo Globus
el continente Kontinent

● | b) Escribe un artículo para el periódico escolar. Convence a los lectores de que es importante no gastar tanta agua. Utiliza también las expresiones del recuadro.

agua limpia[1]	agua potable[2]	bañarse/ducharse
cerrar el grifo[4]	poner el lavaplatos / la lavadora	ahorrar[3] agua
pensar en el futuro	proteger[6] el medio ambiente	regar las plantas[5] por la noche

1 **limpio/-a** sauber 2 **el agua potable** f. Trinkwasser 3 **ahorrar** sparen 4 **el grifo** Wasserhahn 5 **regar las plantas** (e → ie) die Blumen gießen 6 **proteger** (yo protejo) beschützen

PASO 3 **8** Carmen escribe una carta al Ayuntamiento para quejarse de los contenedores de vidrio de enfrente de su casa. Utiliza tus apuntes del ejercicio 3 a), p. 98, y escribe la carta de Carmen.

→ Einen Brief schreiben, S. 193

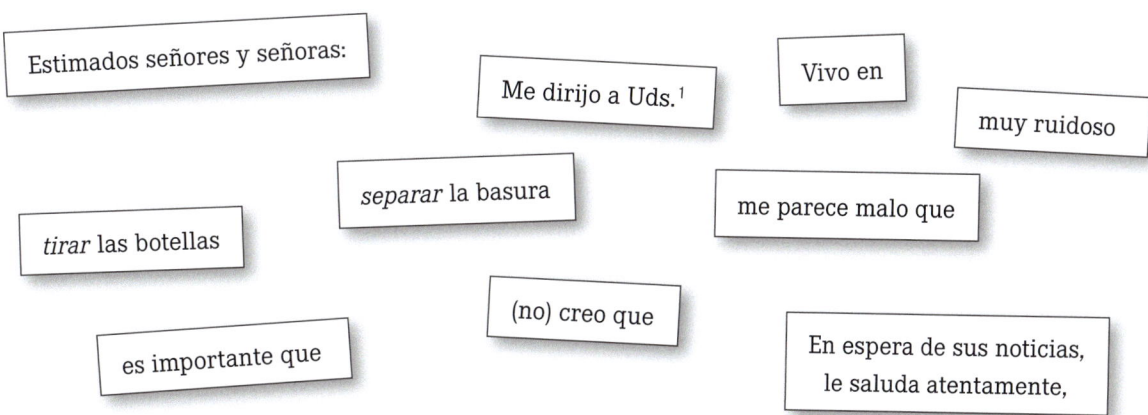

Estimados señores y señoras:

Me dirijo a Uds.[1]

Vivo en

muy ruidoso

separar la basura

me parece malo que

tirar las botellas

(no) creo que

es importante que

En espera de sus noticias, le saluda atentamente,

1 **me dirijo a Uds.** ich wende mich an Sie

G/70 **9** ▶ **DER VERNEINTE IMPERATIV | Transforma las frases como en el ejemplo y haz recomendaciones a tu compañero/-a.**

1 No hay que gastar tanta agua – _¡No gastes..._ _____

2. No hay que ver tanto la televisión. _____

3. No hay que utilizar bolsas de plástico. _____

4. No hay que usar mucha energía. _____

5. No hay que ir demasiado en coche. _____

6. No hay que hacer ruido. _____

7. No hay que poner la radio por la noche. _____

G/71 **10** ▶ *SUBJUNTIVO* | **Alejandro expresa sus sentimientos, deseos y opiniones. Completa las frases.**

1. Tengo miedo de que mis hijos _____ (vivir) en un medio ambiente con mucha contaminación.

2. Prefiero que mi familia _____ (tomar) el tren para ir de vacaciones.

3. Quiero que mis hijos _____ (trabajar) en un ambiente sano.

4. No creo que los gobiernos _____ (encontrar) soluciones contra el cambio del clima.

5. Espero que _____ (usarse) más energía ecológica en el futuro.

6. Me alegra que en el mundo se _____ (reciclar) más y más basura.

7. Miguel, espero que _____ (tener) un buen viaje a México.

8. Chicos, deseo que _____ (pasar) un feliz verano.

G/71 **11** ▶ *SUBJUNTIVO* | **Maribel está discutiendo con Rubén. Escribe las respuestas de Rubén como en el ejemplo.**

Rubén

Maribel

1. Creo que nuestro medio ambiente es sano.
2. Pienso que tenemos suficientes platos para poner el lavaplatos.
3. Creo que las bombillas normales gastan menos electricidad.
4. Creo que los españoles se interesan mucho por el medio ambiente.
5. Pienso que la mayoría de los españoles separa la basura.

1. _No creo que nuestro medio ambiente_ _sea sano._ _____

2. No pienso _____
_____
_____
_____
_____
_____
_____
_____
_____
_____

$\frac{G}{72}$ **12** ▶ *SUBJUNTIVO* NACH UNPERSÖNLICHEN AUSDRÜCKEN | **Lee otra vez el texto de la página 141 del libro del curso. Después forma cuatro frases.**

Es importante que	los productores	*poder* tener	un precio justo a los productores.
Es fantástico que	«Comercio Justo»	*rechazar*	una vida digna.
Está muy bien que	la gente	*pagar*	un precio justo por los productos.
Es necesario que			el trabajo infantil.

_____

_____

_____

_____

_____

_____

_____

_____

$\frac{G}{71}$
$\frac{G}{72}$ **13** ▶ *SUBJUNTIVO* ▶ *SUBJUNTIVO* NACH UNPERSÖNLICHEN AUSDRÜCKEN ◯ | **Sentimientos y opiniones. Completa las frases.**

1. A muchas personas no les importa la conservación del medio ambiente.

   Me molesta que a muchas personas no les _____

   _____

2. En las plantaciones se utilizan muchos pesticidas.

   No es bueno que _____

   _____

3. El hijo de Enrique trabaja en una plantación donde se utilizan pesticidas.

   A Enrique le molesta que su hijo _____

   _____

4. El hijo de Enrique puede tener problemas con los pulmones.

   Enrique tiene miedo de que _____

   _____

5. El jefe de Enrique no necesita a más personas.

   Es malo que _____

6. A Enrique no le preocupa el futuro.

   Me encanta que _____

7. Hay mucha pobreza en el mundo.

   Me entristece que _____

8. En Europa hay gran demanda de productos ecológicos.

   Nos alegra que _____

14 ▶ *SUBJUNTIVO* ▶ *SUBJUNTIVO* NACH UNPERSÖNLICHEN AUSDRÜCKEN ● | **Carmen y su familia quieren alquilar una casa de campo en un parque natural para las vacaciones. Decide cuándo es necesario el subjuntivo y cuándo el indicativo o el infinitivo. Luego completa la carta.**

| contestar | estar | mandar | poder | recomendar | ser (2 x) | ver | tener (2 x) |

Estimados señores:

Mi familia y yo queremos alquilar una casa de vacaciones para el mes de agosto. Para nosotros es importante que la casa _____ cerca de la playa porque nos gusta _____ el mar.

Esperamos que ustedes _____ ayudarnos, que nos _____ una casa bonita. No nos importa que la casa _____ nueva, pero queremos que _____ bastante grande, porque _____ cinco hijos y necesitamos que ellos _____ lugar para jugar.

Esperamos que nos _____ pronto y nos _____ fotos o catálogos de «nuestra casa».

Saludos cordiales,

Carmen Goitia

---

15 ▶ *SUBJUNTIVO* | **Completa los diálogos con los verbos en infinitivo, subjuntivo o indicativo.**

1. **Rubén:** Ana, me molesta que _____ (poner / tú) el

   lavaplatos por cuatro platos.

   Ana: Bueno, pero a mí no me gusta _____ (lavar) los

   platos.

   Rubén: Sí, sí, pero es más ecológico _____ (llenar) el

   lavaplatos.

2. – Me alegra que en la Unión Europea se _____ (usar)

   cada vez más energías renovables.

   – Sí, y me alegra también que en el mundo se _____

   (reciclar) más y más basura.

3. – Marta, no creo que _____ (ser) bueno para el medio

   ambiente que tú _____ (usar) tantas bolsas de

   plástico.

   – Es verdad, Inés, y tampoco _____ (ser) bueno para

   el medio ambiente _____ (bañarse) siempre en la

   bañera.

16 **a) Es la continuación del ejercicio 17, p. 96: El Sr. Meister acaba de recibir otra carta de la Sra. López. Lee la carta, después relaciona las palabras nuevas con la traducción correcta.**

Técnica de automóviles Getxo S.L.

Calle Alcalá 54 • Bilbao • España

BBZ Schließsysteme Hamburg
Industriepark Reinbek
21465 Hamburg

Asunto: Reclamación de nuestro pedido N° 7563

Bilbao, 4 de junio de 2010

Estimado Sr. Meister:

Muchas gracias por el envío de su mercancía a nuestro almacén dentro del período previsto. Desgraciadamente tenemos que comunicarle que cuatro de los once paquetes no estaban bien cerrados, de manera que las cerraduras tienen ralladuras[1] y no podemos venderlas.

En nuestra opinión, el embalaje adecuado de sus productos es su responsabilidad. Por eso tenemos que reclamar la mercancía y les pedimos que nos manden otras 400 cerraduras en paquetes adecuados. Desde luego, vamos a devolverles las cerraduras defectuosas.

Esperando su pronta respuesta, le saluda atentamente,

Marina López Molina

---

1 **la ralladura** *hier:* Kratzer

| 1 | la reclamación | 3 | el envío | 5 | el embalaje | 7 | desde luego | 9 | defectuoso/-a |
| 2 | el período previsto | 4 | desgraciadamente | 6 | reclamar | 8 | devolver | 10 | la respuesta |

- [ ] beschädigt
- [ ] reklamieren
- [ ] die Antwort
- [ ] die Verpackung
- [ ] die (Zu-)Sendung
- [ ] der vorgesehene Zeitraum
- [ ] die Reklamation
- [ ] zurückgeben, -schicken
- [ ] selbstverständlich
- [ ] leider

b) Estás haciendo prácticas en la empresa «BBZ Schließsysteme Hamburg». El Sr. Meister te pide que contestes la carta de «Técnica de automóviles Getxo S.L.». Escribe la carta en el ordenador o en tu cuaderno. Utiliza también las siguientes expresiones y frases:

→ Einen Geschäftsbrief schreiben, S. 194

Vergiss nicht, den Absender, Adressaten, Betreff, usw., anzugeben.

lamentamos[1] mucho que + subjuntivo

Nuestro representante[2] en España les va a visitar pronto.

Al recibir su informe[3] les vamos a mandar otras 400 cerraduras.

Estamos seguros de que podemos mantener[4] buenas relaciones comerciales con ustedes.

1 **lamentar** bedauern 2 **el/la representante** Vertreter 3 **el informe** Bericht 4 **mantener** aufrechterhalten

$\frac{G}{71}$ **1** Completa las frases con las formas correctas de los verbos.

1. No me gusta que mi hermana no _____ (estudiar) nunca.

2. Me preocupa que mi padres _____ (trabajar) tanto.

3. No quiero que nadie _____ (enfermarse).

4. Quiero _____ (ganar) mucho dinero.

5. Espero que los novios _____ (ser) felices.

6. Marco espera _____ (aprobar) el examen.

7. Les recomiendo a ustedes que _____ (venir) mañana.

8. Me alegra que la gente _____ (separar) la basura.

9. Prefiero _____ (viajar) en tren.

10. Es bueno que _____ (usar / vosotros) bombillas fluorescentes.

$\frac{G}{72}$ **2** Completa las frases con las formas correctas de los verbos del recuadro.

tomar	vivir	comprar	enfermarse	pasar	gastar	utilizar

1. Es necesario que la gente no _____ tanta energía.

2. Es malo que se _____ pesticidas en las plantaciones.

3. Es importante que nadie _____ por la contaminación.

4. Es bueno que el Gobierno _____ más medidas parar proteger el medio ambiente.

5. Es mejor que nuestros niños _____ en un ambiente sano.

6. Es fantástico que los jóvenes _____ sus vacaciones en parques naturales.

7. Está bien que la gente _____ bombillas fluorescentes.

$\frac{G}{71}$ **3** Los tíos de Maite han tenido un niño. Completa la carta con los verbos en indicativo o subjuntivo.

> Queridos tíos:
>
> ¡Enhorabuena! ¡Qué alegría, por fin ha nacido mi sobrino!
>
> ¡Espero que os _____ (sentir) fenomenal en vuestro nuevo papel[1] de padres! Os
> _____ (desear) que _____ (ser) muy felices con el pequeño Pablo y
> que lo _____ (disfrutar). Espero también que el niño _____ (estar)
> siempre muy sano, que _____ (comer) bien y que os _____ (dejar)
> dormir. Juan y yo _____ (querer) visitaros pronto para conocerlo.
>
> Un abrazo,
>
> Maite
>
> 1 **el papel** *hier:* Rolle

COMPRENSIÓN AUDITIVA

VAMOS **1** 🎧32 **Escucha la información sobre la economía de las comunidades autónomas de las Islas Baleares y Extremadura. Después marca si la información es correcta (c), falsa (f) o si no se menciona (?).**

DELE

→ Selektives Hörverstehen, S. 184

	c	f	?
1. Ibiza es el segundo destino turístico más importante de España.	☐	☐	☐
2. Mallorca es la isla más grande de las Islas Baleares.	☐	☐	☐
3. Más de dos tercios de la población trabaja en el sector de servicios.	☐	☐	☐
4. Los políticos locales[1] quieren que haya más agricultura en las Islas.	☐	☐	☐
5. En Extremadura el sector de servicios aporta un 67 % del PIB.	☐	☐	☐
6. En Extremadura hay muchas empresas de tamaño[2] pequeño y medio.	☐	☐	☐
7. El PIB per cápita de Extremadura es más bajo que el de Andalucía.	☐	☐	☐
8. En Extremadura mucha gente está en paro.	☐	☐	☐

1 **el/la político/-a local** Lokalpolitiker/in 2 **el tamaño** Größe

PASO 2 **2** 🎧33 ● | **Escucha las voces de los «nuevos catalanes». ¿De qué temas hablan?**

→ Globales Hörverstehen, S. 183

1. Dior Ndiaye, 23 años, llegó con 6 años a Lleida.
   ☐ integración[1]
   ☐ discriminación[2]
   ☐ trabajo
   ☐ idioma

2. Mohamed Dennana, 26 años, lleva 12 en Salt.
   ☐ integración
   ☐ discriminación
   ☐ trabajo
   ☐ idioma

3. Youcef Allaoui, llegó a Vic a los 14 años.
   ☐ integración
   ☐ discriminación
   ☐ trabajo
   ☐ idioma

4. Marem Ndiaye, 17 años, nació en Lleida.
   ☐ integración
   ☐ discriminación
   ☐ trabajo
   ☐ idioma

1 **la integración** Integration 2 **la discriminación** Diskriminierung

PASO 3 **3** 🎧34 ● | **Estás en un supermercado en Alicante con tus padres. Ellos quieren saber todo sobre las ofertas que anuncian por altavoz. Escucha y toma apuntes para explicarles lo más importante en alemán (producto, precio, etc.).**

_____

_____

_____

_____

_____

11

PASO 3 **4** **a) Lee las líneas 1 a 10 del artículo. Después explica en alemán qué ha pasado en Islandia.**

Cerca de 13 millones de turistas llegaron a España en los cuatro primeros meses del año

- El cierre del espacio aéreo[1] en Europa durante siete días, como consecuencia de la nube volcánica, ha condicionado[2] los resultados de la llegada de turistas en abril.
5 - El número de visitantes cayó[3] un 13,3 % en el mes, lo que sitúa el descenso[4] en los cuatro primeros meses en el 4,3 %.
- Las llegadas desde Reino Unido y Alemania han sido las más afectadas por las ceni-
10 zas[5] generadas por el volcán islandés.

Madrid, 21.05.10.
Durante el mes de abril llegaron a España 3,9 millones de turistas internacionales, lo que ha supuesto un descenso del 13,3 % respecto
15 al mismo mes de 2009, según la encuesta del Instituto de Estudios Turísticos. Este resultado ha estado fuertemente condicionado por la nube volcánica que ha invadido el espacio aéreo internacional y la consiguiente cancela-
20 ción de vuelos, que en el caso de España ha tenido una duración de siete días.

Mercados emisores
Reino Unido, principal mercado emisor con más de 800.000 llegadas, fue el que sufrió en
25 mayor medida las consecuencias de la nube de cenizas del volcán islandés Eyjafjallajökull, con una caída en el mes del 27,7 %.

Francia, que se ha situado como segundo mercado más importante en cuanto a volu-
30 men de llegadas, también descendió[6] aunque en menor medida, dada la menor dependencia que este mercado tiene de la vía aérea. Alemania, por su parte, también registró una caída importante, por encima del 20 %, lo que
35 se tradujo en 172.000 turistas menos, mientras que en el resto de mercados principales, Italia y los Países Nórdicos, también se registraron resultados negativos.
Cabe destacar el aumento reseñable de la lle-
40 gada de turistas procedentes[7] de Estados Unidos, que no se vio afectado por los problemas en el espacio aéreo europeo y que creció un 4,8 % respecto a abril de 2009.

Comunidades autónomas de destino
45 principal
Cataluña, principal destino turístico de los extranjeros, fue el que retrocedió en menor medida, favorecido por el menor peso registrado por las llegadas por vía aérea. Por el contra-
50 rio, los archipiélagos balear y canario fueron los destinos que más descendieron, en consonancia con su mayor dependencia del transporte aéreo.

© Ministerio de Industria, Turismo y Comercio, 2010
(texto abreviado)

1 **el espacio aéreo** Luftraum 2 **condicionar** bedingen, verursachen, beeinflussen 3 **caer** fallen 4 **el descenso** Rückgang, Abnahme
5 **la ceniza** Asche 6 **descender** abnehmen, zurückgehen 7 **procedente** aus, stammend

b) Lee el artículo completo, después marca si la información es correcta (c) o falsa (f).

→ Das zweisprachige Wörterbuch benutzen, S. 197

	c	f
1. En abril de 2010 viajaron a España más turistas que en abril de 2009.	☐	☐
2. En España, el cierre del espacio aéreo duró una semana.	☐	☐
3. El mayor número de turistas en España viene de Reino Unido.	☐	☐
4. La llegada de turistas alemanes creció más de un 20 %.	☐	☐
5. La nube volcánica no afectó a los vuelos entre EE.UU. y España.	☐	☐
6. En Cataluña, las llegadas descendieron más que en las Islas Canarias.	☐	☐

PASO 3 **5** Estás haciendo prácticas en la empresa Turrón Martínez S.L. en Alicante. Por la noche hablas con tu compañero/-a de piso de tus experiencias. Haced el tándem.

el/la compañero/-a de piso	tú
Du sagst deinem/deiner Mitbewohner/in, dass er/sie in letzter Zeit (*últimamente*) recht spät nach Hause kommt.	Oye, últimamente vuelves bastante tarde a casa.
Sí, de momento tengo mucho trabajo. Pero las prácticas son muy importantes para mí. Quiero adquirir más experiencia.	Du bejahst und sagst, dass du gerade viel Arbeit hast. Aber das Praktikum ist sehr wichtig für dich. Du willst noch mehr Erfahrungen sammeln.
Du verstehst ihn/sie. Aber du möchtest wissen, ob es notwendig ist, dass er/sie immer so lange in der Firma bleibt.	Te entiendo. ¿Pero es necesario que siempre te quedes en la empresa hasta tan tarde?
Bueno, la verdad es que las horas extra me molestan un poco. Por otro lado, esta tarde he conocido a los dos gerentes generales.	Du sagst, dass dich die Überstunden schon ein bisschen stören. Andererseits hast du heute Abend die beiden Geschäftsführer kennen gelernt.
Du zeigst dich erstaunt und fragst, was er/sie denn gemacht habe, um sie so schnell kennen zu lernen.	¡Vaya! ¿Qué has hecho para conocerlos tan pronto?
(No he hecho) Nada. He pasado todo el día en el departamento de Producción y por la tarde los (señores) Martínez han visitado ese departamento.	Du entgegnest, dass du nichts gemacht hast. Du hast den ganzen Tag in der Produktionsabteilung verbracht und am Nachmittag haben die Martínez diese Abteilung besucht.
Du fragst, ob es ein Familienunternehmen ist.	¿Es una empresa familiar?
Sí. Los Martínez son los nietos del fundador.	Du bejahst und sagst, dass die Martínez die Enkel des Gründers sind.
Du willst wissen, ob es dann eine kleine Fabrik ist.	¿Entonces es una fábrica pequeña?
Creo que en total unas 80 personas trabajan ahí.	Du glaubst, dass insgesamt etwa 80 Personen dort arbeiteten.
Für ein Familienunternehmen findest du das recht groß.	Para una empresa familiar me parece bastante grande.
Sí. / Es verdad. Y la empresa sigue creciendo. El departamento de Marketing ahora está trabajando en una campaña que se dirige al mercado europeo. Allí la demanda de turrón está creciendo rápidamente. Mañana me van a explicar los detalles.	Du bestätigst das und sagst, dass die Firma weiter wächst. Du erzählst, dass die Marketing-Abteilung jetzt an einer Kampagne arbeitet, die sich an den europäischen Markt richtet, weil dort die Nachfrage nach Turrón schnell wächst. Morgen werden sie dir die Details erklären.
Du sagst, dass du schon siehst, dass die Marketing-Abteilung ihn/sie sehr interessiert. Du hoffst, dass es ihm/ihr morgen dort gefallen wird.	Ya veo que te interesa mucho el departamento de Marketing. Espero que te guste ahí mañana.

11

VAMOS **6** Describe la tasa de paro de algunos de los estados federados de Alemania en tu cuaderno.

→ Eine Statistik auswerten, S. 187

introducción	Este gráfico muestra _____.
descripción	El estado federado _____ es la región con la tasa de paro más/menos alta. En _____ uno de cada _____ personas (no) tiene trabajo. La tasa de paro en _____ es más alta/baja que la tasa de paro en _____ / nacional. Un _____ porciento de los alemanes en _____ está en paro.
interpretación	_____ es una región económicamente (no) muy fuerte porque _____. Eso quiere decir que _____. Esto significa que _____.
conclusión	En resumen[1] este gráfico muestra que _____.

1 **en resumen** zusammenfassend

La tasa de paro de Alemania	
Baviera	4,4 %
Baden-Wurtemberg	4,9 %
Renania-Palatinado	5,7 %
Hesse	6,5 %
Baja Sajonia	7,4 %
Schleswig-Holstein	7,4 %
Sarre	7,5 %
Nacional	**7,7 %**
Hamburgo	8,1 %
Renania del Norte-Westfalia	8,7 %
Turingia	10,0 %
Brandeburgo	11,1 %
Bremen	12,1 %
Sajonia	12,1 %
Mecklemburgo-Pomerania Occidental	12,3 %
Sajonia-Anhalt	12,8 %
Berlín	13,6 %
Fuente de los datos: Bundesagentur für Arbeit, Mai 2010	

PASO 2 **7** Lee otra vez el texto de la página 149 del libro del curso. Después escribe una carta de Jaqueline Velarde a su abuela en Perú. Imagina qué está pasando en su vida y qué planes tiene para el futuro.

→ Kreatives Schreiben, S. 195

PASO 3 **8** a) Mira y compara los tres carteles de la campaña «¡Sonríe!, estás en España» en tu cuaderno (ve también la p. 151 del libro del curso). ¿Qué se ve? ¿Qué similitudes y diferencias hay?

→ Ein Bild beschreiben, S. 186

b) Escribe un texto donde explicas a qué personas se dirige cada uno de los carteles en tu opinión. Da razones.

DELE **9** ▶ *VOCABULARIO* | **Lee las páginas 144–145 del libro del curso. Luego completa los textos.**

destino	desierto	población	tasa de paro	poblada
				gracias a
habitantes	verduras	turistas extranjeros	exportación	invernaderos
Europa	diversidad	rica		
	farmacéutica	en busca de	automovilística	
convertirse	enorme	pesca	industria pesada	emigración

Galicia

Cuando la economía de Galicia no era tan buena como hoy, muchos _____ de

Galicia se fueron a otros países de _____ .

En los siglos pasados la _____ fue la única posibilidad para muchos gallegos,

que se fueron _____ _____ _____ una vida mejor.

Hoy Galicia sigue viviendo de la _____ , pero también puede

_____ con la _____ de coches.

El País Vasco

El centro de la _____ _____ española se encuentra en la

comunidad autónoma menos _____ de España.

Con un 10,5 por ciento de paro, el País Vasco tiene la _____ _____

_____ más baja de España.

Andalucía

Andalucía es la región con más _____ de toda España.

La _____ de frutas y _____ es _____ .

Los _____ de Andalucía gastan tanta agua que la mitad de España puede

_____ en un _____ .

Cataluña

El _____ favorito de la mayoría de los _____

_____ es Cataluña.

_____ _____ la industria textil, _____ y

_____ Cataluña es una región bastante _____ .

11

$\frac{G}{73}$ **10** ▸ DER *SUBJUNTIVO* NACH KONJUNKTIONEN UND IN WÜNSCHSÄTZEN ○ | a) Completa las frases con *para que, a no ser que, sin que, ojalá que, antes de que* y *en el caso de que*.

1. Los nietos del fundador van a ir hoy a ver la producción, _____ tengan que hablar primero con el jefe de Relaciones Públicas.

2. Es importante que los gerentes generales trabajen algunos años en otros países

_____ adquieran experiencia.

3. ¡_____ la demanda de turrón crezca _____ los Martínez abran otra fábrica en la Comunidad Valenciana!

4. _____ quieras comer un turrón clásico, tienes que comprar un turrón de almendras.

5. Turrón Martínez S.L. va a tener que importar el azúcar de Cuba, _____ el precio del azúcar baje en España.

6. _____ la demanda de turrón siga creciendo, van a tener que abrir otra fábrica.

7. Se intenta comprar las materias primas en España _____ la empresa las importe.

8. No pueden vender los turrones a buenos precios _____ importen a veces algunas materias primas de otros países.

b) Haz una frase con cada de las locuciones de arriba en tu cuaderno.

$\frac{G}{73}$ **11** ▸ DER *SUBJUNTIVO* NACH KONJUNKTIONEN | Relaciona y termina las frases.

la *ver*.	mis padres *volver* de las vacaciones.	pronto *encontrar* algo nuevo.

sacar una buena nota.	ella *darse* cuenta. Es una sorpresa.

me *decir* tu opinión y me *dar* un consejo.	mi madre me lo *pedir*.

1. ¿Vas a recoger a tu hermano del instituto? – No, a no ser que <u>mi madre me lo pida.</u> _____.

2. Hoy tengo un examen. – Ojalá que _____

_____.

3. ¿Por qué me lo has contado? – Para que _____

_____.

4. ¿Puedes decírselo a María? – Sí, en el caso de que _____

5. Me han despedido. – Ojalá que _____

6. ¿Cuándo vamos a hacer la fiesta en tu casa? – Antes de que _____

_____. ▸

7. ¿De verdad estás planificando un viaje con tu abuela? – Sí, pero sin que _____.

G 73 **12** ▸ DER *SUBJUNTIVO* NACH KONJUNKTIONEN | **Completa las frases con las preposiciones *para*, *antes de* y *sin* o con las conjunciones *para que*, *antes de que* y *sin que*.**

1. Encontré la fábrica _____ saber el camino.

2. _____ te vayas quiero mostrarte nuestro nuevo departamento.

3. No te va a entender _____ le expliques tus razones.

4. Han abierto una fábrica en Elche _____ mejorar la producción.

5. _____ trabajar en la empresa, los gerentes han adquirido experiencia en el

   extranjero.

6. _____ la fábrica siga teniendo éxito, el turrón tiene que seguir siendo de calidad.

G 74 **13** ▸ DER *SUBJUNTIVO* IM RELATIVSATZ ○ | **Contesta las preguntas.**

decir	*querer*	*tener* tiempo	*gustar*	*haber* sitio[1]

1. ¿Dónde puedo dejar el vaso? – Donde _haya sitio._ _____.

2. ¿Qué tengo que hacer ahora? – Haz lo que _____.

3. ¿Qué ropa me pongo para la reunión mañana? Ponte lo que te _____.

4. ¿Te ayudo ahora o más tarde? – Cuando _____.

5. ¿Dónde quedamos mañana? – Donde tú _____.

1 **haber sitio** Platz sein/geben

G 74 **14** ▸ DER *SUBJUNTIVO* IM RELATIVSATZ ● | **Completa las frases y pon los verbos en subjuntivo o indicativo.**

les *ofrecer*[1] una vida con futuro en España	*haber* guerras y donde la gente *pasar* hambre
les *gustar* *poder* hacer sin hablar español	*tener* que hacer para ganar dinero

1. Muchos inmigrantes esperan encontrar trabajos que _____

   _____.

2. Muchos inmigrantes que no saben la lengua española buscan trabajos que _____

   _____.

3. La mayoría de los inmigrantes hacen lo que _____

   _____.

4. Desgraciadamente muchos inmigrantes se encuentran en situaciones que no _____

   _____.

5. Algunos inmigrantes vienen de países donde _____

   _____.

1 **ofrecer, ofrezco** (an)bieten

15 ▶ KONJUNKTIONEN MIT INDIKATIV UND *SUBJUNTIVO* ● | Completa las frases con el presente de subjuntivo o con una forma del indicativo (presente o pasado).

1. Cuando _____ (llegar / tú), empezamos con la presentación.

2. Siempre es lo mismo. Cuando _____ (venir / vosotros), tenemos que discutir todos los detalles otra vez.

3. Cuando Carlos _____ (volver), nos vamos de vacaciones.

4. Cuando _____ (irse / tú), te vamos a echar de menos en la oficina.

5. Los gerentes siempre se reúnen cuando _____ (tener) nuevos datos.

6. Hasta que no _____ (aprender / tú) más español no vas a poder trabajar aquí.

7. Hasta que la campaña no _____ (tener) éxito no ganaron mucho dinero.

8. No voy a irme de vacaciones hasta que _____ (haber) terminado la campaña.

9. Aunque el Instituto de Turismo _____ (gastar) más dinero en la campaña, no van a viajar a España más turistas que en los últimos años.

10. A Rafael le gusta su trabajo aunque no _____ (ganar) mucho.

11. Aunque allí _____ (hacer) sol casi todos los días, siempre hay gente que prefiere otros destinos.

12. Mientras no _____ (estudiar) más para el instituto, no vas a sacar buenas notas.

13. No te vayas antes de que yo _____ (llegar).

14. Mientras _____ (hacer) tanto calor en La Mancha, prefiero no viajar allí.

15. Como no _____ (pagar / ustedes) pronto la factura, no vamos a seguir trabajando para su empresa.

16. Como la campaña _____ (dirigirse) a muchas personas diferentes, necesitan hacer varios carteles.

17. Siempre que _____ (ir / yo) a Asturias, lo paso muy bien.

18. Natalia pasa algunos días en el campo siempre que _____ (tener) tiempo.

19. Siempre que España _____ (seguir) siendo un destino favorito en el extranjero, muchos españoles van a poder vivir bien del turismo.

20. Las vacaciones van a ser fantásticas siempre que no _____ (llover).

16 ▶ DER *SUBJUNTIVO* NACH KONJUNKTIONEN ● | Termine las frases.

1. Te ayudo para que _____ .

2. No te vayas antes de que _____ .

3. Las vacaciones van a ser fantásticas a no ser que _____ .

4. ¡Ojalá que _____ .

5. Voy a la fiesta a no ser que _____ .

17 a) Lee la presentación de la empresa Cerraduras López S.L., luego completa el organigrama.

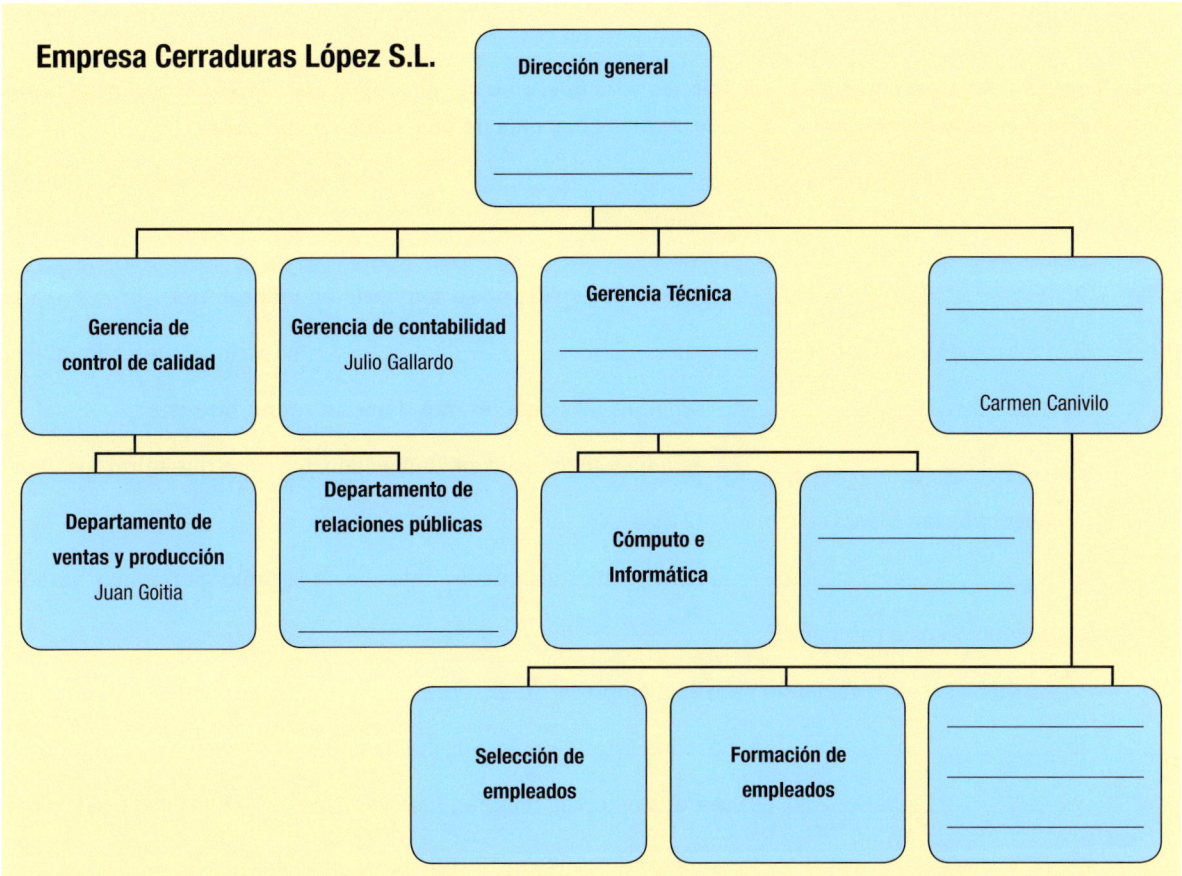

Empresa Cerraduras López S.L.

Dirección general
_____
_____

Gerencia de control de calidad

Gerencia de contabilidad
Julio Gallardo

Gerencia Técnica
_____
_____

_____
_____
Carmen Canivilo

Departamento de ventas y producción
Juan Goitia

Departamento de relaciones públicas
_____

Cómputo e Informática

_____
_____

Selección de empleados

Formación de empleados

_____
_____

La empresa Cerraduras López S.L. es una empresa que fabrica cerraduras de alta calidad con presencia en 20 países. La empresa existe desde el año 1987 y ha instalado 200.000 cerraduras. Entre los fundadores del proyecto, la empresa cuenta con personas con probada experiencia internacional en cerraduras mécanicas y electrónicas. El fundador y Director general de la empresa es Manuel López. La empresa tiene cuatro gerencias: control de calidad, contabilidad, técnica y personal. En la gerencia de calidad, Juan Goitia es el jefe del departamento de ventas y producción. Este se encarga de la administración y pedidos que la empresa exporta al extranjero, en su mayoría a Latinoamérica y EE.UU. Trabaja de la mano con Gustavo Lozano, responsable de las relaciones públicas dentro de la misma gerencia. En el ramo tan complicado de las finanzas, la empresa cuenta con el experto Julio Gallardo en la gerencia de contabilidad. Cerraduras López es una empresa muy completa y organizada que está al tanto de la tecnología y al servicio de nuestros clientes para lo que contamos con la gerencia técnica. El jefe de este departamento, Miguel Martín es quien se encarga de todo lo relacionado con el área de cómputo e informática y con el buen funcionamiento del servicio postal de la empresa. Por último, pero no menos importante; ya que la empresa tiene más de 250 empleados, es necesario una gerencia de personal que es responsable de la selección, formación y trámites de contratación y salarios de los empleados y que está bajo la dirección de Carmen Canivilo.

11

b) Lee otra vez el texto, después marca si la información es correcta o falsa.

	c	f
1. La empresa López es una empresa S.L.	☐	☐
2. La empresa tiene 80 empleados.	☐	☐
3. La empresa está especializada en la producción y exportación de cerraduras.	☐	☐
4. El mercado más grande está en Latinoamérica y EE.UU.	☐	☐
5. Juan Goitia es el gerente del departamento de administración y finanzas.	☐	☐

AUTOCONTROL

$\frac{G}{73}$ **1** **Completa las frases con las conjunciones** *para que, a no ser que, ojalá que, antes de que, en el caso de que, hasta que, cuando, mientras* **y** *aunque*. **A veces hay más de una solución correcta.**

1. Jaqueline Verlarde trabaja mucho _____ su abuela tenga los medicamentos necesarios.

2. ¡_____ el sur de España no se convierta en un desierto!

3. La campaña no va a poder tener éxito _____ se dirija al mercado internacional.

4. _____ sepamos más detalles, nos vamos a reunir otra vez.

5. _____ esta idea te entusiasme demasiado, tenemos que mirar los detalles negativos también.

6. _____ no tengamos los nuevos datos hasta la próxima reunión, vamos a seguir con esta campaña.

7. Yo voy a seguir trabajando para esta empresa _____ me despidan.

8. _____ Carolina García sea la gerente de la empresa, va a hacer algunos cambios.

9. _____ esa sea una empresa familiar, José y Carmen Martínez van a ser los gerentes.

10. ¡_____ Jaqueline encuentre trabajo en un hospital español!

11. _____ sólo gana 900 € al mes, Jaqueline paga los medicamentos de su abuela.

$\frac{G}{74}$ **2** **Completa las frases poniendo los verbos en indicativo o en subjuntivo.**

1. Quiero escuchar una canción que _____ (ser) moderna.

2. Con la información que _____ (tener / tú), ahora puedes tomar una decisión.

3. Busco un libro para niños de cinco años que _____ (costar) menos de 10 euros.

4. Pablo necesita una mujer que le _____ (apoyar) siempre.

5. «Clara, eso no me importa, haz lo que _____ (querer / tú).»

6. Con el dinero que _____ (ahorrar / nosotros), queremos viajar.

7. Julia quiere regalarle a su novio un cedé que le _____ (gustar).

8. Mercedes sólo escucha las canciones que _____ (poner) en la radio.

9. Ahora busco un trabajo que me _____ (hacer) feliz.

10. Carmen espera encontrar una habitación en un hotel que _____ (estar) en el centro de la ciudad.

11. Siempre vamos al cine donde _____ (trabajar) mi amigo.

12. Victoria nunca hace lo que _____ (decir) sus padres.

12 AMÉRICA LATINA

COMPRENSIÓN AUDITIVA

VAMOS 1 🎧 35 ● | **Escucha el spot de radio sobre la Isla de Margarita y termina las frases con la información correcta. A veces más de una información es correcta.**

1. La isla pertenece a[1] ☐ Colombia. ☐ Venezuela. ☐ Costa Rica.

2. La Isla de Margarita se encuentra en el mar
☐ Pacífico. ☐ Atlántico. ☐ Caribe.

3. La isla cuenta con ___ kilómetros de playas bonitas.

4. La temperatura media anual es de ☐ 23 ☐ 26 ☐ 27 grados.

5. En la isla se practica ☐ el windsurf. ☐ el rafting. ☐ el esnórquel.

6. Cerca de la Isla de Margarita hay otra isla que se llama
☐ Isla del Coco. ☐ Isla de Coche. ☐ Isla de Corvo.

7. Hay también un museo ☐ histórico. ☐ del mar. ☐ del arte.

8. En la isla puedes también
☐ montar a caballo. ☐ nadar con delfines. ☐ subir a un volcán.

9. La Isla de Margarita
☐ no tiene aeropuerto. ☐ tiene aeropuerto nacional. ☐ tiene aeropuerto internacional.

1 **pertenecer a** gehören zu

VAMOS 2 🎧 36 ○ | **Escucha el spot de radio sobre la Comunidad Andina (CAN) y marca si la información es correcta (c) o falsa (f). Después corrige las frases falsas.**

COMUNIDAD ANDINA
SECRETARIA GENERAL

	c	f
1. Colombia, Ecuador, Bolivia y Paraguay forman la CAN.	☐	☐
2. La CAN es una zona de libre comercio.	☐	☐
3. El comercio entre los países de la CAN sobrepasa[1] los 5.500 millones de dólares.	☐	☐
4. Desde que existe la CAN, hay mucho más comercio entre estos países.	☐	☐
5. En 1993 se creó la zona andina de agricultura ecológica.	☐	☐
6. Desde entonces, se han creado 600.000 puestos de trabajo.	☐	☐

_____

_____

_____

_____

1 **sobrepasar** übersteigen

VAMOS **3** a) Mira sólo el logo (⬭) y la foto de la página web. ¿Cuál piensas que es el tema de la página?

_____

b) Ahora lee el texto de forma rápida. Fíjate[1] en el título y en las partes del texto que están en negrita[2]. Después explica en alemán cuál es el mensaje principal[3] de la página web.

→ Texte über Schlüsselbegriffe erschließen, S. 185

→ Das zweisprachige Wörterbuch benutzen, S. 197

_____

_____

_____

1 **fijarse en** auf etwas achten, sich auf etwas konzentrieren 2 **en negrita** in Fettschrift 3 **el mensaje principal** die Hauptbotschaft

● | c) Kreuze an, zu welchen weiteren Themen es auf der Webseite Links gibt. Markiere die Stellen auf der Seite.

☐ Handel
☐ Freihandelsabkommen
☐ Kontakt
☐ mexikanisches Bankensystem
☐ logistische Infrastruktur

☐ Anleitung zum Investieren in Mexiko
☐ Partnerorganisationen
☐ Services für Investoren
☐ ProMéxico-Büros weltweit

PASO 3 **4** Estás charlando con un/a amigo/-a español/a que ha venido a visitarte en Alemania. Haced el tandém.

tú	tu amigo/-a
Du sagst deinem/deiner Freund/in, dass du in den nächsten Ferien nach Lateinamerika reisen willst.	Quiero viajar a América Latina en las próximas vacaciones.
¡Qué interesante! Pero América Latina es muy grande. ¿Adónde quieres viajar?	Das findest du sehr interessant. Aber Lateinamerika ist sehr groß. Du fragst deine/n Freund/in, wohin er/sie reisen will.
Du willst zum Cono Sur reisen.	(Quiero viajar) Al Cono Sur.
¿Qué es el Cono Sur?	Du fragst, was der Cono Sur ist.
Du sagst, aus welchen Ländern der Cono Sur besteht. Du sagst, dass ein Freund von dir gerade einen Schüleraustausch in Buenos Aires macht und dass du ihn besuchen willst.	El Cono Sur está formado por Argentina, Chile y Uruguay. Tengo un amigo que está haciendo un intercambio escolar en Buenos Aires y lo quiero visitar.
¡Es una buena oportunidad! A mí también me gustaría viajar a América Latina.	Du findest, dass das eine gute Möglichkeit ist. Du würdest auch gerne nach Lateinamerika reisen.
Du fragst, warum er/sie das nicht macht.	¿Y por qué no lo haces?
Porque no tengo dinero. Pero si pudiera, viajaría a América Central. Y después iría a alguna isla del Caribe. Pasaría todo el día en la playa y por la noche bailaría salsa y merengue en las fiestas.	Weil du kein Geld hast. Aber wenn du könntest, würdest du nach Zentralamerika reisen. Und danach würdest du auf irgendeine Karibikinsel fahren. Dort würdest du den ganzen Tag am Strand verbringen und nachts auf Partys Salsa und Merengue tanzen.
Du denkst, dass die Karibik bestimmt sehr schön ist. Du würdest auch gerne dorthin fahren.	Sí, seguro que el Caribe es muy bonito. A mí también me gustaría ir allí.
Bueno, lo mejor sería hacer un viaje por toda América Latina, ¿no? Hay muchas regiones interesantes y seguro que son todas muy diferentes.	Du meinst, dass eigentlich eine Reise durch ganz Lateinamerika das Beste wäre. Es gibt so viele interessante Regionen und bestimmt sind alle ganz unterschiedlich.
Du gibst deinem/deiner Freund/in Recht. Du fügst hinzu, dass man in den meisten Ländern Spanisch spricht. Wenn man Spanisch kann, kann man vom Cono Sur bis nach Mexiko reisen und wird nie Sprachprobleme haben.	Tienes razón. Y en la mayoría de los países se habla español. Si sabes (hablar) español, puedes viajar del Cono Sur hasta México y nunca vas a tener problemas con el idioma / la lengua.
Creo que incluso podrías viajar más al norte, ya que hay tantos latinos en Estados Unidos. Sobre todo en el sur, en Texas, Arizona, Nueva México y California.	Du glaubst, dass man sogar noch weiter nach Norden reisen könnte, da ja so viele Latinos in den USA leben. Vor allem im Süden, in Texas, Arizona, New Mexico und Kalifornien.
Du sagst, dass es auch in Florida und New York sehr viele Spanischsprechende gibt. Du hast gelesen, dass mehr als 45 Millionen Latinos in den USA leben.	También hay muchos hispanohablantes en Florida y en Nueva York. He leído que más de 45 millones de latinos viven en Estados Unidos.

12

PASO 1 **5** Sueños. ¿Cómo te imaginas tus vacaciones en América Latina? Escribe un texto en que contestes también las siguientes preguntas.

→ Kreatives Schreiben , S. 195

– ¿A qué parte de América Latina te gustaría viajar?
– ¿Qué te interesaría ver y hacer allí?
– ¿En qué lengua hablarías con la gente?
– ¿Cómo viajarías por esos países: en coche, en autobús, en bicicleta...?
– ¿Cómo ganarías dinero para viajar allí?

PASO 2 **6** En las próximas vacaciones vas a visitar a una amiga argentina en Buenos Aires. Busca en Internet información sobre algunos de los siguientes temas y otros temas que te interesan. Después escribe en tu cuaderno un e-mail a tu amiga en que le explicas qué quieres hacer y por qué.

→ Informationen sammeln und auswerten, S. 190

→ Das zweisprachige Wörterbuch benutzen, S.197

el tango · Plaza de Mayo · Boca Juniors · Teatro Colón · San Telmo · ———

PASO 3 **7** a) Resume el artículo de la página 163 del libro del curso.

→ Eine Zusammenfassung schreiben, S. 191

● | b) Después de hacer un viaje a Buenos Aires quieres informar a los jóvenes de tu instituto sobre la situación de los niños de la calle. Escribe un artículo para el periódico escolar en el que explicas y comentas la situación de Juan, Ignacio, Martín, Mariano y Mauricio.

→ Eine persönliche Stellungnahme verfassen , S. 192

es/era horrible que · (no) me gusta/gustó que · me parece/pareció increíble/injusto que
es un gran problema que · está mal/bien que
me pone/puso triste
siento/sentí que · quiero que · tengo miedo de que
(no) creo/pienso que
es importante/bueno/malo/necesario que · puede ser que

8 ▶ *VOCABULARIO* | ¿Qué sabes de América Latina? Haz el crucigrama. Busca en Internet la información que te falte.

1. Las montañas más altas son los
2. Bogotá es la capital de
3. El país con más hispanohablantes es
4. Está en el Caribe y pertenece a los EE.UU.
5. Una cultura indígena:
6. La antigua capital de los incas es
7. La capital de Venezuela es

8. Montevideo y Buenos Aires están en el
9. Un canal muy importante pasa por
10. La capital de Honduras es
11. Muchos cubanos viven en
12. A los estadounidenses de origen mexicano se los llama
13. América Central exporta mucho

$\frac{G}{76}$ **9** ▶ *CONDICIONAL* | a) Imagina cómo podría ser y termina las frases.

1. En una ciudad sin coches *iríamos todos en metro o en bicicleta.*

2. Vivir en una ciudad del Caribe _____

3. Viajar por América Latina _____

4. En un mundo sin fronteras _____

5. Vivir en un país donde siempre es invierno _____

6. Vivir en un mundo sin pobreza _____

7. No tener nunca exámenes _____

8. En un instituto sin notas _____

9. Vivir en un piso con amigos _____

10. Ir todos los sábados a discotecas _____

b) Inventa tres frases más y utiliza el condicional.

_____

_____

_____

_____

12

10 ▶ *IMPERFECTO DE SUBJUNTIVO* | Juan, un chico de Salamanca, visitó a sus tíos en Buenos Aires y vio cosas que le parecían mal. Expresa los sentimientos y opiniones de Juan y transforma las frases como en el ejemplo.

1. Muchos niños no iban a la escuela.

   Juan no pensaba que muchos niños no fueran a la escuela.

2. Algunos niños vivían en la calle.

   A Juan le puso triste que

3. Otros se drogaban.

   No le gustó ver que

4. Muchos niños pedían dinero o comida en la calle.

   No pensaba que

5. A veces los vecinos no se daban cuenta de la pobreza de los niños.

   A Juan le pareció horrible que

11 ▶ **DER IRREALE BEDINGUNGSSATZ DER GEGENWART** | a) Completa las frases con la forma correcta de los verbos.

1. Si _____ (ir / tú) al Caribe, _____ (ver / tú) playas muy bonitas.

2. Si en el Caribe no _____ (haber) playas tan bonitas, muchos turistas no _____ (ir) allí.

3. Si todos los niños _____ (ir) a la escuela en su país, _____ (tener) más oportunidades y no _____ (deber) emigrar después.

4. Si los vecinos _____ (saber) lo que les pasa a los niños, tal vez les _____ (ayudar).

5. Si el Gobierno _____ (ocuparse) de los niños sin padres, ellos no _____ (vivir) en la calle.

6. Si los niños no _____ (vivir) en la calle, _____ (poder) tener un futuro mejor.

7. Si ese país _____ (ser) tranquilo, más turistas _____ (pasar) sus vacaciones allí.

8. Si _____ (llegar) más turistas al país, más gente _____ (poder) vivir del turismo.

b) Completa el diálogo entre Maria y Andrés con las formas correctas de los verbos.

María: ¿Qué _____ (hacer) tú si _____ (tener) más tiempo libre?

Andrés: Si yo _____ (tener) más tiempo, _____ (pasar) varios meses en Latinoamérica. Yo _____ (viajar) por los países del Cono Sur.

_____ (visitar) Buenos Aires, las Cataratas del Iguazú, y la Pampa.

María: Pues, si yo _____ (tener) tiempo y dinero, _____ (hacer) un viaje por los países andinos. Me interesa mucho Perú, Machu Pichu.

Andrés: Yo tengo más sueños. Si, _____ (ganar) mucho dinero,

_____ (comprar) una casa de campo en la Pampa. Turistas de Europa

_____ (poder) dormir en esta casa y yo también _____ (vivir) allí.

María: Pues si yo _____ (ser) rica, _____ (ayudar) a los niños que viven en la calle.

---

12 ▶ *CUYO/-A* | **La vida de Eva Perón. Transforma las frases sustituyendo las expresiones marcadas por el pronombre relativo *cuyo/-a*.**

1. Evita Perón, <u>de quien el</u> nombre completo era María Eva Duarte de Perón, nació en Junín.

   _____

   _____

   _____

2. La joven Eva, <u>el</u> padre <u>de quien</u> murió cuando tenía seis años, vivió de niña en el campo.

   _____

   _____

3. A los quince años se fue a Buenos Aires, ciudad <u>de la que el</u> estilo la atraía mucho.

   _____

4. Después de conocer a Juan Domingo Perón, Eva, <u>la</u> vida <u>de quien</u> no duró mucho tiempo, se dedicó a la política.

   _____

   _____

   _____

5. Las mujeres y los pobres, <u>de quienes</u> Evita escuchaba <u>los</u> problemas, fueron importantes para ella.

   _____

   _____

13 a) Lee la carta que Miriam recibió de Nicaragua.

CCE ☕ Café de Cultivo Ecológico

C/ Arenal, 42 | Apartado Postal A-52 | Managua, Nicaragua

Managua, 13 de julio de 2011

Miriam Meier
Blumenstraße 146
42111 Wuppertal

Estimada Sra. Meier:

Nos alegramos de que Ud. haya contestado nuestro anuncio del periódico EL MUNDO del 28 de mayo y de que quiera hacer prácticas en nuestra plantación de café ecológico. Usted cumple todos los requisitos: no mayor de 26 años, experiencia en la agricultura, flexibilidad para trabajar en equipo, interés por Latinoamérica y dominio del español.

Estamos de acuerdo con la fecha que Ud. nos comunicó en su solicitud: sus prácticas van a empezar el 1 de agosto y terminan el 30 de noviembre.

Por favor, mándenos sus datos de vuelo y un empleado de nuestra empresa le va a buscar en el aeropuerto.

En espera de sus noticias le saluda atentamente,

Félix Rodriguez

b) Escribe la solicitud que Miriam mandó a CCE antes.

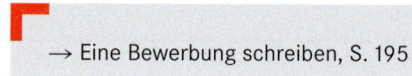
→ Eine Bewerbung schreiben, S. 195

14 a) En la página web de un periódico español hay un debate sobre el tema del paro. Lee los comentarios de los lectores.

1. Soy empresario[1]. Muchos jóvenes no tienen una buena formación. Claro que no encuentran trabajo. *Miguel Goitia, Bilbao.*

2. Estoy en paro desde hace mucho tiempo. Es que los empresarios llevan muchos puestos de trabajo[2] a Asia, porque los trabajadores allí cuestan menos y no tienen derechos. *José Gonzáles, Gijón.*

3. Mi hijo quiere trabajar en Oviedo, pero vivimos lejos de la ciudad y por la mañana no hay transporte público[3]. ¿Cómo puede trabajar? *Carmen Dégano, Oviedo.*

4. Soy también empresaria. Los sueldos[4] son muy altos. No puedo pagar a más empleados. *Juana Guerrero, Madrid.*

5. Estoy en un sindicato[5]. No es verdad. Los sueldos no son altos. Al contrario. Con un sueldo mejor se podría comprar más y eso mejoraría la economía. *Felipe Gallardo, Sevilla.*

1 **el/la empresario/-a** Unternehmer/in 2 **el puesto de trabajo** Arbeitsplatz 3 **el transporte público** öffentliche Verkehrsmittel 4 **el sueldo** Gehalt, Lohn 5 **el sindicato** Gewerkschaft

b) Escribe lo que piensan los lectores del periódico en tu cuaderno.

1. Según Miguel, si los jóvenes tuvieran una formación adecuada...
2. José piensa que si los empresarios...
3. ...

AUTOCONTROL

G/76 **1** **Un futuro mejor para los emigrantes latinos. Completa las frases con la forma correcta de los siguientes verbos:** *emigrar*, *poder*, *vivir*, *hacer*, *quedarse*, *ir*.

1. Con más dinero, los latinos _____ mejor en los EE.UU.

2. Con más oportunidades en su país, muchos mexicanos no _____ a los EE.UU.

3. Con una buena formación profesional, muchos latinos _____ hacer una carrera.

4. – En lugar de quedaros a vivir en un país pobre, ¿qué _____ vosotros?

5. – Yo _____ . ¿Y tú, _____ en México?

G/77 **2** **Pon en imperfecto de subjuntivo los verbos siguientes.**

1. hablar – yo _____

2. comer – ellos _____

3. vivir – vosotros _____

4. ser – él _____

5. tener – nosotros _____

6. estar – tú _____

7. ir – ella _____

8. quedarse – ellas _____

9. entender – vosotras _____

10. ducharse – vosotros _____

G/78 **3** **Completa las frases condicionales con las formas verbales correspondientes.**

Ejemplo: Si Michael <u>viviera</u> (vivir) en Madrid, <u>podría</u> (poder) ir los domingos a la Casa de Campo.

1. Si yo _____ (estar) ahora en la Plaza Mayor, _____ (tomar) un chocolate

   con churros.

2. Si _____ (hacer) menos frío, (yo) _____ (bañarse) en la piscina.

3. Si de verdad tú _____ (querer) ver arte moderno, _____ (ir) al Museo

   Reina Sofía.

4. Si Juan _____ (tener) dinero, _____ (comprar) un piso en el barrio de

   Salamanca de Madrid.

5. Si vosotros _____ (venir) a Madrid, _____ (poder) ir al Rastro.

G/79 **4** **Ergänze die jeweiligen Sätze mit** *cuyo/-a, cuyos/-as*.

1. Ayer vino a nuestra oficina un señor argentino _____ mujer es alemana.

2. Él vive en Alemania, _____ costumbres le gustan mucho.

3. Ese señor, _____ hijos estudian en Alemania, quiere volver a su país.

4. Quiere vivir en La Plata, _____ clima le va muy bien.

5. Pero siempre va a pensar en Alemania, _____ habitantes son muy simpáticos.

AUTOCONTROL-LÖSUNGEN

UNIDAD 1

1 el aeropuerto – el instituto – los bocadillos – la discoteca – el jamón – los chicos – la cafetería – la guitarra – las amigas – la flauta – los hoteles – la clase

2 **a)** 1. ¿Dónde estudian Pablo y Miguel? – 2. ¿Cómo se llama la hermana de Ana? – 3. ¿De dónde es Miguel? – 4. ¿Quién aprende alemán? – 5. ¿Qué escribe Laura en la plaza?

b) 1. Pablo y Miguel estudian en el instituto «Lope de Vega» de Madrid. – 2. La hermana de Ana se llama Teresa. – 3. Miguel es de México. – 4. Laura aprende alemán. – 5. Laura escribe un texto para la clase de alemán.

3 1. ø – 2. el – 3. las – 4. La – 5. un – 6. Los; una; la – 7. La – 8. un; un – 9. Los

UNIDAD 2

1 1. soy; eres; Soy – 2. está; Está; es – 3. están; Están – 4. hay; Es – 5. está – 6. Hay – 7. Eres; soy; está

2
Miguel: <u>mi</u> – <u>mi</u>	Pablo: <u>vuestra</u>	Miguel: <u>Mis</u>
Pablo: <u>Tu</u>	Miguel: <u>nuestra</u>	Pablo: <u>sus</u>
Miguel: <u>mi</u> – <u>su</u>	Miguel: <u>nuestro</u>	Miguel: <u>sus</u>

UNIDAD 3

1
1. El amigo de Laura <u>se llama</u> Pablo.
2. Pablo <u>se levanta</u> todos los días a las siete.
3. El padre de Pablo siempre <u>se queja</u> de su trabajo y a veces <u>se queda</u> en la oficina hasta las diez de la noche.
4. Pablo <u>se lleva</u> bien con su padre y los dos <u>se quedan</u> muchas veces en casa para charlar.
5. Los sábados Pablo <u>se acuesta</u> muy tarde.

2 **Marta:** Hola, Antonio, ¿qué tal? ¿adónde <u>vas</u>?
Antonio: Hola, Marta. <u>Voy</u> a casa de mi padre. ¿Y tú?
Marta: Inés y yo <u>vamos</u> al cine a las cuatro. <u>Vienes</u> con nosotras?
Antonio: No puedo. He quedado con Carlos.
Marta: Bueno, ¿por qué no <u>venís</u> entonces Carlos y tú?
Antonio: Vale, <u>vamos</u> los dos.

3
1. Primero Laura va a ducharse.
2. Luego ella y su padre van a preparar el desayuno.
3. Después Laura va a coger el autobús.
4. En la oficina va a escribir cartas comerciales.
5. Al mediodía Laura y sus compañeras de trabajo van a comer juntas.
6. Por la noche Laura, Ana y Miguel van a cenar juntos.

UNIDAD 4

1 nos – me gusta – le gusta – me – Te – me gusta – te – me – me gustan – te – te

2
1. Nosotros estamos escribiendo cartas.
2. Yo estoy estudiando inglés.
3. Los chicos están jugando al fútbol.
4. Ahora Miguel está haciendo los deberes.
5. ¿Y tú, qué estás leyendo?
6. La abuela está preparando la cena.
7. ¿Qué estáis haciendo vosotros?

3 Estáis – estoy – Estoy – Es – es – es – Es – es – es – son – Son – es – Es – estoy

UNIDAD 5

1 barato/-a ≠ caro/-a – volver ≠ ir – el día ≠ la noche – izquierda ≠ derecha – trabajar ≠ descansar – encontrar ≠ buscar – detrás de ≠ delante de – encima ≠ debajo

2
2. Las universidades de Salamanca y de Santiago de Compostela son las universidades más antiguas de España.
3. Picasso, Dalí y Miró son los pintores más famosos de España.
4. El País y El Mundo son los periódicos más importantes de España.
5. Atocha es la estación de metro más bonita de España.

3 1. delante de la catedral – 2. debajo de la ventana – 3. detrás de la cama – 4. encima de la lavadora – 5. al lado del armario – 6. entre la mesa y la silla

UNIDAD 6

1 1. viví – 2. visité – 3. estuvo – 4. hiciste – 5. encontró – 6. durmieron – 7. viajaron – 8. fuimos; vimos

2 1. porque – 2. Cuando – 3. aunque – 4. Aunque – porque – 5. aunque – 6. porque – 7. sin embargo – 8. Cuando/Como – 9. porque – 10. aunque

3 desde hace – desde hace – hace – desde

UNIDAD 7

1
1. No tiene ninguna idea.
2. Ningún alumno sabe hablar bien el español.
3. Sara no tiene ningún amigo.
4. No conozco a nadie de la fiesta.
5. Marco no sabe ninguna palabra de la unidad siete.

2 1. sabes; Puedes; puedo – 2. podemos; sabéis

3 2. ¡Escribid la postal! → ¡Escribidla! – 3. ¡Llama a Luis! → ¡Llámalo! – 4. ¡Pagad los cafés! → ¡Pagadlos! – 5. ¡Manda la carta ya! → ¡Mándala ya!

4
1. se hablan → 4 (el castellano, el catalán, el gallego, el vasco)
2. se estudia → 4 años
3. se paga → en Argentina, Chile, Colombia, Cuba, la República Dominicana, México, Uruguay, las Filipinas
4. se bailan → en toda América Latina (el centro del merengue es el Caribe) y en los Estados Unidos
5. se bebe → en Brasil, Paraguay, Uruguay, Argentina, Bolivia, Perú, Chile, Siria, Líbano, las Islas Canarias

1 llegué – llovía – hacía – cambió – era – hacía – había – leía – escuchaba – estaba – llegó – vino – dijo – di – pudo

2
1. Cuando yo era joven, se veían pocos peregrinos por aquí...
2. Antes todas las personas que hacían el camino eran peregrinos. Caminaban por motivos religiosos...
3. Muchos vienen en bici o a caballo. Antes no existía esa posibilidad, todas las personas iban a pie.
4. Además, en aquel entonces sólo había un albergue y cuando estaba completo algunos peregrinos se quedaban a dormir en nuestra casa...

1 1. hemos trabajado – 2. habéis entendido – 3. ha vuelto – 4. han dicho; han visto – 5. habéis demostrado – 6. han cumplido – 7. Habéis notado – 8. ha sorprendido – 9. nos hemos puesto – 10. ha muerto – 11. hemos viajado – 12. habéis sentido – 13. has contado; he visto

2 1. (Esta mañana) hemos leído – 2. hablaba – 3. trabajó (durante 25 años) – 4. (Desde 1998 hasta 2005) fue – 5. (En octubre de 2008) empezó – 6. (Poco después) llegó – 7. (Hasta hoy) han perdido – 8. (Ya) han vendido

1 1. estudie – 2. trabajen – 3. se enferme – 4. ganar – 5. sean – 6. aprobar – 7 vengan – 8. separe – 9. viajar – 10. uséis

2 1. gaste – 2. utilicen – 3. se enferme – 4. tome – 5. vivan – 6. pasen – 7. compre

3 sintáis – deseo – seáis – disfrutéis – esté – coma – deje – queremos

1 1. para que – 2. Ojalá que – 3. a no ser que – 4. Cuando – 5. Antes de que – 6. Aunque – 7. hasta que – 8. En el caso de que – 9. Mientras – 10. Ojalá que – 11. Aunque

2 1. sea – 2. tienes – 3. cueste – 4. apoye – 5. quieras – 6. ahorremos – 7. guste – 8. ponen – 9. haga – 10. esté – 11. trabaja – 12. dicen

1 1. vivirían – 2. emigrarían – 3. podrían – 4. haríais – 5. me iría, te quedarías

2 1. hablara – 2. comieran – 3. vivierais – 4. fuera – 5. tuviéramos – 6. estuvieras – 7. fuera – 8. se quedaran – 9. entendierais – 10. os ducharais

3 1. estuviera; tomaría – 2. hiciera; me bañaría – 3. quisieras; irías – 4. tuviera; compraría – 5. vinierais; podríais

4 1. cuya – 2. cuyas – 3. cuyos – 4. cuyo – 5. cuyos.

ENCUENTROS

A_tope.com

CUADERNO
DE EJERCICIOS

BERUFSBILDENDE SCHULEN

Lösungsheft

Cornelsen

UNIDAD 1. ¡HOLA Y BIENVENIDOS!

1

	Habla con...	Es de...	Habla... / Estudia...
Carmen	Simón	Granada	francés y turco
Lucía	Chema	Salamanca	inglés y polaco
Fran	Teresa	Valencia	alemán
Chema	Lucía	Santiago de Compostela	inglés y francés
Teresa	Fran	Alicante	ruso
Andrés			
Simón	Carmen	Málaga	italiano

2

	☺	☺	☺
Ana		x	
Pablo	x		
Laura			x
Miguel			x

3 1. Se llama Marco Fernández. Es de España. Vive y trabaja en Berlín. Habla español y alemán y aprende inglés.

2. Se llaman Mariana y Rafael. Son de México. Viven en Barcelona. Hablan un poco de inglés. Marina estudia en el instituto y Rafael trabaja en una cafetería.

4 **a) Musterlösung:** cine → E: cinema; F: cinéma, ciné → Kino // provincia → E: province; F: province → Provinz // zona → E: zone; F: zone → Bereich // club → E: club; F: club → Klub // restaurante → E: restaurant; F: restaurant → Restaurant // teatro → E: theatre; F: théâtre → Theater // danza → E: dance; F: danse → Tanz // concierto → E: concert; F: concert → Konzert // arte → E: art; F: art → Kunst // tarde → F: tard → spät // curso → E: course; F: cours → Kurs // publicidad → E: publicity; F: publicité → Werbung // entrar → E: enter; F: entrer → eintreten // miembro → E: member; F: membre → Mitglied // adulto → E: adult; F: adulte → Erwachsener // realidad → E: reality; F: réalité → Realität // escenario → E: scene; F: scène → Bühne // comunidad → E: community; F: communité → Gemeinde // oficial → E: official; F: officiel → offiziell

b) 1. Die Internetseite präsentiert Freizeitmöglichkeiten (in Madrid). – 2. Es gibt Informationen zu Kultur am Tag und in der Nacht (Kino, Theater, Tanz, Konzerte, Kunst), zu Gastronomie, zu Feiertagen. – 3. buscar – 4. Werbung

c) Individuelle Lösung

6 **a)**

1. Se llama Pablo. Estudia en el instituto «Lope de Vega» de Madrid.
2. Es Ana. Es de España, de Sevilla. No habla alemán pero habla un poco de inglés.

3. Se llama Laura. Es una amiga de Pablo. Estudia en el instituto «Lope de Vega».

4. Es Miguel. Es de Ciudad de México y estudia en el instituto «Lope de Vega».

b) Me llamo Maxi. Soy de Berlín, de Alemania. Estudio en el instituto «Alexander von Humboldt».

7 **Musterlösung:**

Laura: ¡Hola! ¿Qué tal?

Pablo: Muy bien. ¿Y tú? ¿Cómo estás?

Laura: Regular.

Miguel: Oye, ¿tomamos algo?

Laura: Muy bien, ¿qué tomáis?

Miguel: Yo, un zumo de naranja.

Pablo: Pues yo tomo un café.

Laura: Yo también tomo un zumo de naranja.

Miguel: ¿Y para comer?

Laura: Yo, un bocadillo de jamón.

Pablo: Yo, un cruasán y un bocadillo de queso. ¿Y tú, Miguel?

Miguel: Pues yo tomo una pizza.

Laura: Oye, ¿qué es...?

Pablo: Es un texto para la clase de inglés. Aprendemos inglés.

Miguel: Yo no comprendo el texto. ¿Y tú?

Pablo: Comprendo un poco.

8

(yo)	trabajo	(nosotros/-as)	charlamos
	hablo		trabajamos
(tú)	estudias	(vosotros/-as)	trabajáis
	hablas	(ellos/ellas)	charlan
(él/ella)	trabaja		estudian

9 1. trabajan; Estudian – 2. hablas; hablo – 3. charlan – 4. estudiáis; trabajáis; trabajamos; estudio; estudia – 5. habla – 6. estudias – 7. Hablamos; hablamos

10 1. – ¿De dónde eres? – Soy de México.

2. – Ellos son Laura y Pablo. – ¡Bienvenidos!

3. – Hola, chicas. ¿Sois de aquí? – No, somos de Sevilla.

4. – ¿Quién es ella? – Es la hermana de Ana.

11 **a)**

1. No, no es de México, es de España.

2. No, no soy de Espana, soy de Alemania.

3. No, no estudia en Sevilla, estudia en Madrid.

4. No, no hablo polaco, hablo alemán.

5. No, no me llamo Antonia, me llamo...

6. No, no habla alemán, habla un poco de inglés.

7. No, no trabajamos, estudiamos.

8. No, no estudio en el instituto «Lope de Vega», estudio en el instituto...

b) nicht → No soy de España. – kein → No hablo polaco.

12 **a)**

10	el camarero	12	la silla	3	el bocadillo	9	la clienta
8	la camarera	7	el plato	6	el café	5	el periódico
1	la mesa	11	el vaso	2	el cliente	4	el zumo de naranja

b) las mesas – los clientes – los bocadillos – los zumos de naranja – los periódicos – los cafés – los platos – las camareras – las clientas – los camareros – los vasos – las sillas

13 1. viven – 2. vivís – 3. vivimos – 4. vive – 5. vives; vivo – 6. vivimos

14 beber – un zumo – un café   escribir – un texto – un e-mail

leer – un periódico – un libro   vivir – en México – en Madrid

comer – un bocadillo – un cruasán   comprender – italiano – un texto

15 1. Los amigos de Pablo viven en Madrid.

2. Sara aprende alemán.

3. Raúl y yo comemos juntos en la cafetería.

4. No hablo francés pero comprendo un poco.

5. **Pablo:** «Chicas, escribís los textos para la clase de alemán?»

6. Miguel bebe un zumo de naranja.

7. Y tú, ¿dónde lees los libros? ¿En la cafetería o en el instituto?

16 1. Ellos/Ellas/Ustedes – 2. Yo – 3. Tú – 4. Nosotros/-as – 5. Él/Ella/Usted – 6. Vosotros/-as

17 a)

1. – ¿De dónde es Pablo? – Es de Madrid.

2. – ¿Cómo te llamas? – Me llamo Michael.

3. – ¿Quién es Teresa? – Es la hermana de Ana.

4. – ¿Dónde vives? – Vivo en Hamburgo.

5. – ¿Quiénes son Ana y Pablo? – Son los amigos de Miguel.

6. – ¿Qué tal? – Bien.

7. – ¿De dónde eres, Javier? – Soy de Sevilla.

8. – ¿Qué escribes? – Escribo un texto para la clase de inglés.

b) Musterlösung:

¿Dónde estudia Laura?

¿De dónde es Miguel?

¿Cómo se llama la hermana de Ana?

¿Qué toma Teresa en la cafetería?

¿Quién es Pablo?

18 a) Die Begrüßungen in Aufgabe 18a sind höflicher, die Personen siezen sich.

b) Señora Villaverde: Perdone. Yo soy Isabel Villaverde. Usted, ¿cómo se llama?

Señora Fernández: Soy Amparo Fernández, encantada. Mire, señora Villaverde, le presento a la señora Palomar.

Señora Villaverde: Encantada. ¿Qué tal? ¿Usted es de aquí?

Señora Palomar: No, soy de Alicante.

UNIDAD 2 LA FAMILIA Y LOS AMIGOS

1 1. teresa.ro@terra.es – 2. 41006 Sevilla – 3. Teléfono: 94 45 36 28 7 – 4. Plaza Chica, 5 – 5. Gloria Vidal Pérez

2

	richtig	falsch	nicht im Text
1. Miguel es estudiante en el instituto «Canalejas».	☐	✓	☐
2. Vive cerca del instituto.	☐	✓	☐
3. Hay una estación de metro cerca de su casa.	✓	☐	☐
4. Dos de sus compañeros son de Barcelona y dos son de Sevilla.	☐	✓	☐
5. Uno de sus compañeros se llama Jordi.	☐	☐	✓
6. María tiene diecisiete años y es de Barcelona.	✓	☐	☐
7. Ella tiene una hermana en Costa Rica.	✓	☐	☐

3 1. Vive con su novia. 2. Vive con su hija y sus nietos. 3. Vive con sus padres, su hermana y su prima. 4. Vive con tres estudiantes.

4 **a)** El texto trata de la comunicación en Internet: de *facebook*, de e-mails...

b) comunicarse – enviar e-mails, fotos, textos y cartas – intercambiar ideas, vídeos o música con amigos en todo el mundo – interactuar con la familia y con amigos – conocer gente – jugar al ajedrez – actualizan sus fotos, comentan su vida o lo que pasa en el mundo, invitan a amigos a tomar algo por la nochex

c) Individuelle Lösung

5 **a)** Das Hotel bietet Klimaanlage, Satelliten-Fernsehen, Aufzug, Bar, Geldwechsel, Garten, Parkplatz, Restaurant, Konferenzraum. Man kann dort mit Kreditkarte zahlen. Das Hotel ist 100 km vom nächsten Flughafen entfernt, 40 km von der nächsten Bahnstation, 2 km vom Strand. Es gibt einen Safe, Zimmer mit Doppelbett oder Ehebett, Einzelzimmer, Minibar, Telefon und Fernseher. Außerdem gibt es ein Schwimmbad.

b) El hotel está en África, cerca del Estrecho de Gibraltar, en Ceuta.

8 **Musterlösung:** ¡Hola! Me llamo Lukas. Soy de Múnich. Tengo 17 años. Vivo en Múnich con mis padres y mis hermanos Paul y Thomas. Soy alumno de bachillerato en el instituto «Louise Schroeder». Mis aficiones son el fútbol, tocar la batería y nadar.

9 **a)**

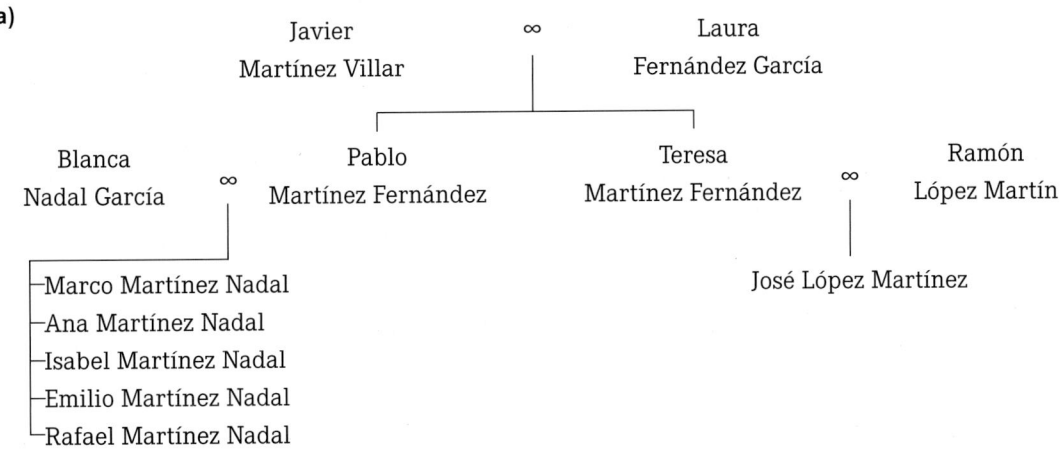

Javier Martínez Villar ∞ Laura Fernández García

Blanca Nadal García ∞ Pablo Martínez Fernández — Teresa Martínez Fernández ∞ Ramón López Martín

Marco Martínez Nadal
Ana Martínez Nadal
Isabel Martínez Nadal
Emilio Martínez Nadal
Rafael Martínez Nadal

José López Martínez

b) Me llamo Marco. Tengo 19 años. Tengo dos hermanas y dos hermanos. Mis hermanos se llaman Rafael y Emilio. Tienen 14 y 12 años. Sus aficiones son el fútbol y leer. Mi hermana Isabel tiene 16 años. Sus aficiones son nadar, chatear y bailar salsa. Mi hermana mayor, Ana, tiene 28 años. Ella vive con su novio. Sus aficiones son cocinar y cantar. Mis padres se llaman Blanca y Pablo. Los dos tienen 50 años. Sus aficiones son montar a caballo y tomar fotos de la familia. Mi padre tiene una hermana. Se llama Teresa. Mi tío se llama Ramón. Ramón y Teresa tienen un hijo, es mi primo José. Él tiene 7 años. Sus aficiones son pintar y cantar. Mis abuelos se llaman Javier y Laura. Javier tiene 77 años y Laura tiene 75 años. Sus aficiones son el tenis y la familia.

10 **a)** ruidosa – moderna – grande – fantástica – pequeña – antigua – bonita – fea – interesante – aburrida

b) Es una ciudad grande y muy ruidosa. Hay un hotel moderno y una universidad antigua. La discoteca es muy fea, pero la plaza es bonita. Es una ciudad interesante.

11 1. películas – 2. voleibol – 3. tocar la batería – 4. esquiar – 5. montar a caballo – 6. pintar – 7. fútbol – 8. nadar – 9. leer – 10. baloncesto – 11. tomar fotos – 12. cantar – 13. cocinar – 14. bailar salsa – 15. tenis – 16. chatear – 17. escuchar música

12 hay – están – estamos – estás – estoy – estáis – Estamos – Hay – hay –está – están – hay – está – está – hay

13 1. del – 2. de las – 3. de los – 4. de la – 5. del – 6. de la – 7. del – 8. de las; de la

14 1. su – 2. tus; Mis – 3. tu; Mi – 4. vuestra; nuestra – 5. Mi – 6. Sus – 7. nuestro; Nuestros – 8. sus – 9. vuestros – 10. Mi

15

yo	quiero	pienso	tengo	puedo	vuelvo
tú	quieres	piensas	tienes	puedes	vuelves
él/ella/usted	quiere	piensa	tiene	puede	vuelve
nosotros/-as	queremos	pensamos	tenemos	podemos	volvemos
vosotros/-as	queréis	pensáis	tenéis	podéis	volvéis
ellos/ellas/ustedes	quieren	piensan	tienen	pueden	vuelven

16 1. Quieres; quiere; tengo; quiero; tengo que – 2. pensáis; Pensamos; tenemos que – 3. queréis; tenemos – 4. Tienes; tengo

17 1. Suena el móvil de Laura.

2. «Hoy no puedo quedar. Mis padres vuelven por la noche.»

3. «¡Laura! ¡En clase no puedes hablar con tus amigos por móvil!»

4. «¿Puedes leer el texto, por favor?»

18 1. piensa – 2. quiere – 3. vuelve – 4. Tengo – 5. Jugáis – 6. Suena – 7. Puedo – 8. tiene – 9. juegan – 10. Tienes; Podemos – 11. Pensamos – 12. Volvéis – 13. Queréis – 14. Podemos – 15. suenan

19 **a)**

1. – ¿Cuántos chicos hay en tu clase?

2. – ¿Cuántas chicas hay en tu clase?

3. – ¿Cuántos alumnos hay en tu clase?

4. – ¿Cuántos profesores tenéis?

5. – ¿Cuántas unidades tiene tu libro de español?

b) Musterlösung:

1. – ¿Cuántos primos tienes?

2. – ¿Cuántas bibliotecas hay en tu ciudad?

3. – ¿Cuántos años tienes?

20 **a)** 1. mi madre – 2. hermanos/-as – 3. mi padre

b) Musterlösung: De mis padres es nieta. – Ella no es mi hija. – ¿Quién es? – (mi sobrina)

21 tranquila – guapa – moderno – confortables – pequeñas – fantástica – ruidosa – genial

22 **a)** 1. beziehen sich auf Verb: Adverb – 2. beziehen sich auf Nomen: Adjektiv

b) 1. muchos – 2. muchas; pocas – 3. mucho – 4. Muchos – 5. mucho – 6. Mucha – 7. mucho – 8. pocas – 9. poco – 10. mucho

23 1. Luis Antonio Pérez / 93-57-56-18-5/ l.a.perez@telered.es
2. Carmen Rodríguez Flores / 6-7-4-6-7-2-2-0-7/
3. Emilio Alonso / 67-89-60-92-7 / alonso76@hotmail.com
4. Sara Martín Lehmann / s_martin@medident.eu

1

diálogo	¿Qué día es hoy?	¿A qué hora empieza ___ / quedan?	¿Cuándo abre ___?	¿Qué empieza/abre?
1	viernes	a las 8 y media		la clase
2	martes	a las 9 en punto		el partido de fútbol
3	miércoles		desde las 10 hasta las 12 de la noche	el videoclub
4	lunes	a las 10 y media		un concierto
5	viernes	a las 9 y media	a las 9	la piscina

3 **a)** ☐ del instituto. – ✔ de la hora de la película. – ✔ de películas. – ☐ de sus padres. – ✔ del cine. – ✔ de los exámenes. – ☐ de sus problemas. – ☐ de música.

b) 1. Es sábado. – 2. Quieren ver una película española – 3. Van a ver una película con Penélope Cruz. – 4. Van a ver la película en el Cinebox Parque Corredor. – 5. Van en metro. – 6. Ven la película a las seis y cuarto.

4 **b)** 1. z. B.: tve2: Teledeporte, Juegos Paralímpicos, Programa tarde premier, Baloncesto Liga, Magazine Champions League; Canal+: El día del fútbol, Fútbol
2. z. B.: tve1: Telediario matinal, Los desayunos de TVE, España directo, Telediario, La noche en 24 horas
3. z. B.: Canal+: Cine «The Spirit», Cine «El truco»

6 **Musterlösung:** El lunes, Miguel juega al fútbol desde las seis hasta las ocho de la noche. El martes, está en el bar «Limón» con Pablo a las cinco y media de la tarde. El miércoles estudia con Enrique desde las tres y cuarto hasta las cuatro y cuarto de la tarde. El jueves llama a sus abuelos a las once de la noche. El viernes está en el cine con Laura, Ana y Pablo a las ocho menos cuarto de la noche. El sábado hay una fiesta en el instituto a las diez de la noche. Y el domingo está en la piscina a las nueve y media de la mañana.

7 **Musterlösung:** Se levanta siempre muy temprano, a las cinco y cuarto de la mañana. Primero desayuna un café con leche, unas galletas y un zumo de naranja. Después se ducha. Siempre tiene mucha prisa y casi siempre tiene que correr para coger el autobús de las seis y media. A las siete tiene que estar en el aeropuerto. Al mediodía come un bocadillo. Trabaja hasta las siete de la tarde y por la noche, a veces, toma algo con sus amigos en un restaurante. Al final se acuesta y lee un libro hasta las nueve y cuarto.

8 **Musterlösung:** El camarero se levanta a las diez de la mañana. Primero se ducha y desayuna. Después coge el autobús a las once. Tiene que estar en el restaurante a las once y media. Al mediodía tiene que trabajar, pero come en el restaurante por la tarde. Tiene que trabajar hasta las doce de la noche. Al final llega a casa a la una de la mañana, ve un poco la tele y se acuesta. También tiene que trabajar los fines de semana, pero no trabaja los lunes.

9
1. Son las ocho menos nueve de la tarde.
2. Son las nueve y veintitrés de la mañana.
3. Son las diez y media de la mañana.
4. Son las doce menos veintidós de la noche.
5. Son las diez y dieciséis de la mañana.
6. Es la una y once.
7. Son las dos menos cuatro de la tarde.
8. Son las dos en punto.
9. Son las doce y veintiséis de la noche.
10. Es la una y catorce de la mañana.

10
el día ≠ la noche – Por la noche me acuesto temprano.
levantarse ≠ acostarse – Me levanto bastante temprano.
abrir ≠ cerrar – La biblioteca cierra a las nueve.
también ≠ tampoco – Laura lee un libro y escucha música también.
temprano ≠ tarde – Laura se acuesta temprano.

11
es – Es – trabaja – tiene – Se levanta – Come – bebe – se ducha – lee – se lleva – comen – se queja – chatea – navega – Se queda – ven – se acuesta

12
Laura: vas	**Laura:** Vengo – voy – ir	**Laura:** viene	**Laura:** Vamos
Padre: Voy – vienes	**Padre:** van	**Laura:** viene	**Padre:** voy

13
1. ¿Cuándo vienen tus amigos?
2. ¿Vas mañana a la fiesta de Pablo?
3. Marta siempe va al trabajo en autobús.
4. Hoy por la noche voy a tu casa.

14
1. Laura se levanta muy temprano porque a las nueve en punto tiene que estar en la empresa «Arroba».
2. Laura a veces llega tarde a la oficina porque el autobús llega tarde.
3. La jefa de Laura se enfada a veces porque Laura llega tarde a la oficina.
4. Laura no se queja porque el trabajo es interesante, los compañeros de trabajo son simpáticos y se lleva muy bien con ellos.

15 ø – ø – ø – ø – ø – a – ø – ø – a – a – ø

16 1. a los – 2. la – 3. al – 4. ø – 5. ø – 6. a – 7. al

17
Laura	Ana
¿Cuándo quedamos esta semana?	Esta semana no puedo, tengo mis prácticas.
Pero no tienes prácticas por la noche. ¿Qué tal el lunes a las ocho?	No, el lunes por la noche voy a estudiar para el examen de Empresariales.
¿Y el martes?	Tampoco, el martes voy a la clase de salsa desde las 7 hasta las 9 de la noche.
¿Y qué tal el miércoles?	No, el miércoles voy a cocinar y cenar con los compañeros de piso.

¿Y el jueves?	Tampoco, el jueves voy a ir a una fiesta en la oficina con los compañeros de trabajo.
¿Y qué tal el viernes?	Pues, el viernes va a llegar Silvia de Sevilla.
¿Y el sábado?	¡Sí! El sábado puedo.
¡Qué bien! ¿Entonces a las ocho en el bar «Limón»?	No, prefiero ir a al cine.
Vale, entonces quedamos a las ocho en la entrada del Cinebox.	

18 salgo – hago – pongo – salimos – haces – sales – hace – salís – salimos

19 La señora López tiene una conferencia en el hotel «El Príncipe» el lunes desde las nueve y media hasta las cuatro y media. El martes tiene que hacer una entrevista para unas prácticas con cuatro personas. Las entrevistas van a ser desde las diez hasta las doce de la mañana. Depsués, a las doce y media, tiene una reunión con el departamento de marketing hasta las dos de la tarde. Al final tiene un vuelo a Mánchester a las siete menos veinticinco de la tarde. El miércoles quiere ir a la feria de moda «Day & Night». Por la noche, a las ocho y media, va a cenar con el gerente general de Bigfoot Ltd. El jueves, desde las nueve hasta las once, tiene que desayunar con Chris Watts, un diseñador. Después tiene su vuelo a Barcelona a las dos y veinticinco de la tarde. El viernes tiene primero una cita con Martina Hommers de Sonderberg S.A. a las diez y media de la mañana. A las dos va a preparar la presentación del lunes. El sábado, desde las diez hasta las once y media, va a la clase de francés y después, a las tres y media, quiere ir a la piscina con Claudia y Merche. El domingo va a tomar un café con Silvia a las cuatro de la tarde y al final quiere ir al teatro con Antonio a las nueve y cuarto de la noche.

20 **a)** Sra. Hommers ruft Sra. López an, um mit ihr einen Termin für diese Woche zu vereinbaren. Sie suchen gemeinsam nach einem passenden Termin und einigen sich auf Freitagvormittag um halb elf.

c) Sra. López: Diga.
Tú: Buenos días, señora López. Habla Paul Georgi de Berlín.
Sra. López: Muy buenos días, señor Georgi. ¿En qué le puedo ayudar?
Tú: Me gustaría hacer una cita con usted esta semana si es posible. Voy a llegar a Barcelona mañana por la mañana y me voy a quedar hasta al jueves por la noche.
Sra. López: Pues perfecto. Le puedo ofrecer una cita mañana a las dos y media de la tarde.
Tú: Pues, justamente mañana no puedo por la tarde. ¿Qué tal el miércoles?
Sra. López: Lo siento. El miércoles voy a estar en una feria de modas en Mánchester. Voy a volver a Barcelona el jueves a las dos y media de la tarde.
Tú: Entonces, ¿qué tal el jueves a las cinco de la tarde?
Sra. López: Espere un momento, por favor... Sí, el jueves a las cinco de la tarde es posible.
Tú: Perfecto. Entonces hasta el jueves.
Sra. López: Hasta entonces.

UNIDAD 4. ¿TE GUSTA?

1 a) 1. Carmen: ir al cine – 2. Javi: escuchar cedés, escuchar la radio, ver la tele – 3. Maite: pintar, tomar fotos, ir a bares o discotecas – 4. Andrés: jugar al baloncesto, nadar, esquiar – 5. Sara: hacer cosas con el ordenador, conciertos de hip hop

b)

1. A Carmen le gustan mucho las comedias pero no le gustan nada las películas de acción.
2. A Javi le gusta mucho escuchar cedés y escuchar la radio pero no le gusta ver la tele.
3. A Maite le gusta pintar y tomar fotos pero no le gusta mucho ir a bares o discotecas.
4. A Andrés le gusta jugar al baloncesto y nadar. Le gusta bastante esquiar.
5. A Sara le gusta hacer cosas con el ordenador y le gusta mucho navegar en Internet. Le gustan también los conciertos de hip hop.

2 Susana: alta, tiene el pelo castaño, tiene los ojos marrones, muy delgada, tiene el pelo corto, lleva gafas

3 a) Musterlösung:

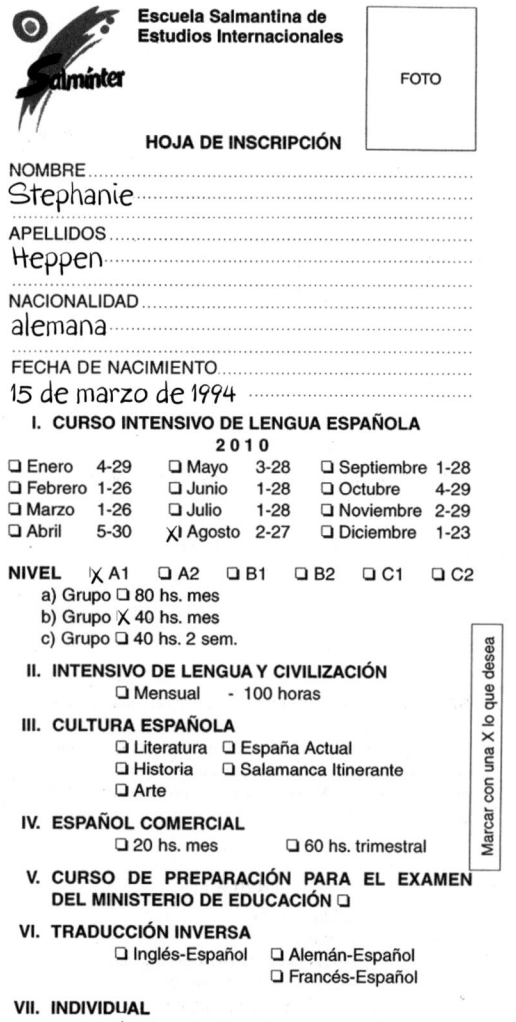

Escuela Salmantina de Estudios Internacionales

Salmínter

FOTO

HOJA DE INSCRIPCIÓN

NOMBRE
Stephanie

APELLIDOS
Heppen

NACIONALIDAD
alemana

FECHA DE NACIMIENTO
15 de marzo de 1994

I. CURSO INTENSIVO DE LENGUA ESPAÑOLA

2010

☐ Enero	4-29	☐ Mayo	3-28	☐ Septiembre	1-28
☐ Febrero	1-26	☐ Junio	1-28	☐ Octubre	4-29
☐ Marzo	1-26	☐ Julio	1-28	☐ Noviembre	2-29
☐ Abril	5-30	☒ Agosto	2-27	☐ Diciembre	1-23

NIVEL ☒ A1 ☐ A2 ☐ B1 ☐ B2 ☐ C1 ☐ C2
    a) Grupo ☐ 80 hs. mes
    b) Grupo ☒ 40 hs. mes
    c) Grupo ☐ 40 hs. 2 sem.

II. INTENSIVO DE LENGUA Y CIVILIZACIÓN
    ☐ Mensual - 100 horas

III. CULTURA ESPAÑOLA
    ☐ Literatura ☐ España Actual
    ☐ Historia ☐ Salamanca Itinerante
    ☐ Arte

IV. ESPAÑOL COMERCIAL
    ☐ 20 hs. mes   ☐ 60 hs. trimestral

V. CURSO DE PREPARACIÓN PARA EL EXAMEN DEL MINISTERIO DE EDUCACIÓN ☐

VI. TRADUCCIÓN INVERSA
    ☐ Inglés-Español ☐ Alemán-Español
               ☐ Francés-Español

VII. INDIVIDUAL
    ☒ 5 hs. sem. ☐ 10 hs. sem. ☐ 20 hs. sem.

VIII. CURSO DE PRÁCTICA ORAL X

Marcar con una X lo que desea

DIRECCIÓN HABITUAL Calle
Köllnische Straße, 17, 2°dcha,
12439 Berlin, Alemania
E-mail:
stephanie.heppen@hotmail.de
ALOJAMIENTO EN SALAMANCA (Si desea que se lo facilitemos)

PISO	**FAMILIA**
☐ Individual	☐ Individual / Pensión completa
☐ Doble	☒ Individual / Media pensión
OTROS	☐ Doble / Pensión completa
☐	☐ Doble / Media pensión

CENTRO DONDE ESTUDIA (Si es posible con la dirección)
Archenhold-Gymnasium, Calle
Rudower Str. 7, 12439 Berlín
¿CÓMO HA CONOCIDO SALMÍNTER?
Internet

PALABRA-BUSCADOR por el que nos ha encontrado en INTERNET

SALMÍNTER confirmará su inscripción el mismo día que se reciba esta hoja.

Rogamos que en caso de no poder estar el primer día de clase en la Escuela, se comunique con antelación. Si no se hace así, **SALMÍNTER** dispone de la plaza el segundo día del Curso.

┌─── **ENVIAR A:** ───┐
SALMÍNTER
C/. Toro, 25, 1.°
37002 SALAMANCA (España)
Teléf.: 34 - 923 21 18 08
Fax: 34 - 923 26 02 63
e-mail:info@salminter.com

b) Castilla-León

5 La persona 1 lleva un casco amarillo, un traje negro, una camisa blanca y una corbata gris. También lleva zapatos negros. La persona 2 lleva una camiseta roja y una gorra, roja también. Lleva vaqueros azules y zapatos de deporte blancos. La persona 3 lleva una blusa blanca, una falda gris, zapatos negros y una bufanda gris. La persona 4 lleva una blusa y unos pantalones beis y un delantal verde.

6 **Musterlösung:** Este chico se llama Carlos. Es alto y delgado y tiene el pelo rubio. Es muy guapo. Lleva una camiseta marrón y vaqueros azules. Le gusta tocar la guitarra y escuchar música. Parece muy simpático y alegre. Estudia en el instituto «Miguel Delibes» pero también trabaja en un café. El fin de semana va al cine y hace mucho deporte. Con sus amigos le gusta también ir a conciertos y a fiestas.

7 **a)** 1. está escuchando – 2. están navegando – 3. está escribiendo – 4. está preparando – 5. están pensando – 6. está leyendo – 7. está bebiendo – 8. está trabajando – 9. está haciendo; 10. está comiendo

b) estás haciendo – estoy escuchando – están estudiando – está hablando – está haciendo – están corriendo – estáis comiendo – estáis trabajando – están poniendo – estamos leyendo

8 Sara: Hola, soy Sara. Hoy estoy haciendo una entrevista para saber qué <u>les gusta</u> a los chicos y chicas del instituto. ¿Cómo os llamáis?
Marta: Hola, yo me llamo Marta.
Elena: Y yo me llamo Elena.
Sara: Bien. Y a vosotras, ¿qué <u>os gusta</u>?
Marta: A mí <u>me gusta</u> mucho ir al cine. <u>Me gustan</u> mucho las comedias románticas. Y también <u>me gusta/encanta</u> escuchar música y leer. <u>Me gustan</u> mucho las novelas de Isabel Allende. Y también <u>me gusta/encanta</u> ir a museos.
Sara: Y a ti, Elena, ¿qué <u>te gusta</u> a ti?
Elena: A mí <u>me gusta/encanta</u> jugar al baloncesto. También <u>me gusta/encanta</u> ir al cine, pero no <u>me gustan</u> las comedias románticas, <u>me gustan/encantan</u> las películas de acción. Y <u>me gusta/encanta</u> leer, <u>me gustan</u> mucho los libros de Arturo Pérez Reverte.
Sara: ¿Y (a vosotras) <u>os gusta</u> ir al instituto?
Elena: Bueno... Sí... A nosotras <u>nos gusta</u> el instituto, pero los exámenes no <u>nos gustan</u> mucho.
Sara: Gracias, chicas. ¿Alguna cosa más? ¿Algo que no os gusta nada?
Elena: A mí no <u>me gusta</u> nada ir de compras, ¡es muy aburrido!
Marta: Y a mí no <u>me gusta</u> nada el fútbol.
Sara: ¿Y a los chicos? ¿Qué <u>les gusta</u> y qué no <u>les gusta</u>?
Elena: Bueno, a los chicos <u>les gustan</u> mucho los deportes, a Miguel <u>le gustan/encantan</u> el fútbol y el baloncesto. Y a Pablo <u>le gusta/encanta</u> también leer y <u>le gusta</u> mucho la música.
Marta: ¡Y a los chicos no <u>les gustan</u> nada los deberes!

9 das – decimos – dan – dicen – decís – doy – da – digo – dices – dais – damos – dais

10 1. Qué; Cuál; qué – 2. Qué; Cuál – 3. Qué; cuál – 4. Cuál; qué – 5. Cuáles

11 1. Estas; esas – 2. Estos; esos – 3. esta; esa – 4. Este; ese

12 2. Laura está leyendo un libro que es muy interesante. – 3. Nosotras estamos viendo una película que es de acción. – 4. Laura trabaja en una empresa que es de informática. – 5. Tengo unos pantalones nuevos que son rojos y que me gustan mucho.

13 **a)** 1. Soy; soy; Soy; estoy – 2. soy; Soy; soy; estoy – 3. es; está – 4. es; está

b) Musterlösung: Manuel es un chico joven, alto y guapo. Es muy inteligente y simpático. Hoy está serio porque tiene un examen.
Lisa es una chica alta y un poco gorda. Es muy tranquila, pero hoy está nerviosa porque tiene una fiesta.

14 1. Esta mujer es Pepa Alonso García. Es de Salamanca, de España. Es pelirroja y baja. Es muy inteligente y divertida. Es actriz. Hoy está bastante nerviosa porque sus amigos van a verla trabajar en un teatro en Madrid.

2. Este señor es Jorge Baeza Fernández. Es de Quito, de Ecuador. Es rubio y alto. También es divertido y serio. Es profesor de francés en el instituto. Hoy está un poco triste porque no tiene clase.

15 está – es – trabaja – Vivo – tengo que – es – tiene – quieren

16

```
┌─────────────────────────────┐
│ ┌─┐                         │
│ │6│                         │
│ └─┘                 ┌─┐     │
│                     │3│     │
│ ┌─┐                 └─┘     │
│ │2│                         │
│ └─┘                         │
│ ┌─┐                         │
│ │5│                         │
│ └─┘                         │
│ ┌─┐                         │
│ │1│                         │
│ └─┘                         │
│ ┌─┐                         │
│ │4│                         │
│ └─┘                         │
│                             │
│ ┌─┐                         │
│ │7│                         │
│ └─┘                         │
│ Peter Schneider             │
└─────────────────────────────┘
```

1 a)

b) la calle de Sevilla

2

pan	x	dos barras	manzanas	x	un kilo y medio
mantequilla			plátanos	x	6
maíz	x	una lata	jamón	x	300 gramos
café	x	un paquete	aceite de oliva	x	una botella
tomates			queso manchego	x	medio kilo
naranjas	x	tres kilos			

3

	Anuncio 1	Anuncio 2	Anuncio 3
¿Para cuándo buscan?	para julio	para el próximo curso	para ahora
¿Cuánto cuesta la habitación?	250 euros + 50 euros gastos + 3 meses de fianza (750 euros)	165 euros al mes + luz	250 euros
¿Dónde está el piso?	cerca de la estación de metro Ibiza	en C/ Calatrava 17, Ciudad Real	en Teatinos, junto a la Ciudad de la Justicia
¿Qué persona buscan?	una chica	chico o chica	chico o chica ordenado y limpio, no fumador
¿Cómo se llaman los compañeros?	Graciela Tamara	Ester Damian	¿?

4 1. Perdona, ¿para ir a la estación de autobuses? – Está cerca del parque. Vas todo recto hasta el primer semáforo. Allí giras a la derecha y vas todo recto. Giras en la segunda calle a la izquierda, entonces vas todo recto y giras en la primera calle a la derecha. Después sigues todo recto y giras en la primera calle a la izquierda. Vas todo recto y ya está la estación a la derecha.

2. Por favor, ¿para ir a un supermercado? – Vas todo recto hasta el primer semáforo. Allí giras a la derecha y vas todo recto. En el semáforo giras a la derecha y vas todo recto. Despúes giras en la segunda calle a la izquierda y sigues todo recto. Hay un supermercado a la izquierda.

3. ¿Me puede decir dónde hay un banco por aquí cerca? – Sí, claro. Primero vas todo recto y giras en la primera calle a la izquierda. Sigues todo recto hasta la primera calle a la derecha. Allí giras a la derecha y sigues todo recto. Despúes giras en la tercera calle a la izquierda. El banco ya está a la derecha.

4. ¿La Plaza Nueva, por favor? – Vas todo recto hasta el primer semáforo. Allí giras a la derecha y vas todo recto. En el semáforo giras a la izquierda y vas todo recto. Ya está la Plaza Nueva.

6 **Musterlösung:**

Hola, Patricia:

¿Qué tal? La próxima semana ya voy a estar en Madrid, ¡qué pasada! Mira, ¿por qué no vamos a un concierto o al teatro? El 24 de abril es la noche de cadena 100, ¿verdad? Y en el teatro Infanta Isabel podemos ver *Tonta ella, tonto él*. También podemos ir al Rastro para comprar nuevas gafas de sol. Y quiero ir al Museo del Prado porque me interesa el arte. Por la noche podemos ir a un bar en el barrio de Malasaña.Y por la mañana tomamos chocolate con churros, ¿vale? ¡Besos!

7 En el piso hay tres habitaciones: dos dormitorios y un salón. También tiene cocina y baño. La primera puerta a la derecha es la cocina. Enfrente está el primer dormitorio. Al lado de este dormitorio está el baño. Enfrente del baño está el salón. Hay televisión y una pequeña terraza. Al final del pasillo está el segundo dormitorio.

8 1. postales; recuerdos – 2. entradas; Estadio; caras – 3. descansar; artistas – 4. buscas; última; tiendas – 5. perfecto; ojo – mochila; carteristas – 6. encuentras; bares; alternativo – 7. interesa; arte; cuadros; famosos; pintores

9 1c tenéis que
2d podéis
3e podéis
4a tenéis que
5b podéis

10 **Las** ves – **las** veo – **las** tienes – **te** necesita – **La** puedes – **me** necesita – **lo** sé – **Lo** entiendo – **os** necesita – **nos** necesita – **lo** ve – **Te** comprendo – **la** llamo

11 ¿Y dónde pongo el escritorio?
Pues lo pones al lado de la puerta.
¿Y dónde pongo la silla?
La pones delante del escritorio.
¿Y dónde pongo el armario?
Lo pones entre el escritorio y la cama.
¿Y dónde pongo el cuadro?
Lo pones encima del escritorio.
¿Y dónde pongo los libros?
Los pones en el armario.
¿Y dónde pongo los cedés?
Los pones en el escritorio.
¿Y dónde pongo el ordenador?
Lo pones en el escritorio también.

¿Y dónde pongo la radio?

La pones en el escritorio también, detrás de los cedés.

12 1. sigue; sigo – 2. dicen – 3. repiten; repetís – 4. sigues – 5. dices – 6. decís – 7. repite – 8. repito

13 1. menos cara que; más interesante que – 2. tan famoso como – 3. más moderno que – 4. tan barata como; más aburrido que – 5. menos ruidoso que – 6. más caros que

14 1. más alto – 2. menos interesante – 3. más divertida – 4. más famosa – 5. menos aburrido – 6. menos famoso – 7. mejor – 8. peor – 9. mejor

15 h) el despacho de la Sra. Molina
d) el despacho del Sr. Gómez
e) el despacho del Sr. Fernández
c) el despacho de la directora
f) el despacho de los becarios
g) la sala de reuniones
b) los servicios
a) la cocina

16 **a)** 1. ? – 2. c – 3. ? – 4. f – 5. c – 6. c

b) Musterlösung: Canadá, Colombia, Brasil, Islandia, Francia, Alemania, Italia, Polonia, Rusia, China, Corea del Sur, Australia, Emiratos Árabes Unidos, Marruecos, Sudáfrica

5

UNIDAD 6 ¡BIENVENIDOS A MEXICO!

1 a)

b)

Eva: se quedó en Alicante, hizo excursiones, fue a Madrid con su hermana, entró al Prado, fue al campo, montó al caballo, fue a las discotecas

Rafael: fue a México con su primo Adrián y su amiga Lisa, fui a la Ciudad de México y viajó por el sur de México, comió muchos tacos, entró en el museo de Frida Kahlo, fue a la costa del Caribe

2 Billete y Reserva

Orígen: Alicante	asiento: 5A	Hora de Salida: 11 h 15
Fecha de salida: sábado, 23/03/11	Destino: Valencia	precio: 18,60 euros

3 a) 1. f – 2. c – 3. c – 4. f – 5. ? – 6. f

b) Estimada señora Jürgens:
Muy atentamente, ...

5 ¡Hola chicos! ¿Cómo estáis? El mes de julio estuve en México. Lo pasé superbién: hicimos muchas excursiones. Aquí tenéis las fotos...
Llegamos a Ciudad de México el 3 de julio. Primero visitamos la ciudad y el museo de Frida Kahlo que está en la Casa Azul. Por la tarde comimos tacos de pescado y bebimos agua fresca de limón. Por la noche, muchas veces, fuimos a la discoteca donde, un día, hubo una fiesta de espuma, ¡qué pasada!
Después de nuestra visita de la ciudad fuimos a las pirámides de Teotihuacan. Subimos y tomamos muchas fotos de allí.
Al final pasamos unos días cerca del río de Los Pescados. Allí no hicimos rafting pero hicimos una excursión a caballo...
¡Qué aventura!

6 1. Hace – 2. En – 3. En – 4. hace – 5. en – 6. Desde – 7. Desde hace

7 2. (tú) fundaste – 3. (yo) nací – 4. (tú) luchaste – 5. (nosotros/-as) perdimos – 6. (tú) comiste – 7. (vosotros/-as) escribisteis – 8. (nosotros/-as) tomamos – 9. (él/ella) aprendió – 10. (vosotros/-as) firmasteis – 11. (ellos/-as) perdieron – 12. (ellos/-as) gobernaron

8 1. salieron; llegó; llamó; empezó – 2. nació; Estudió; viajó; llegó; trabajó; conquistó

9

ser/ir	tener	poder	estar	hacer	dar
fui	tuve	pude	estuve	hice	di
fuiste	tuviste	pudiste	estuviste	hiciste	diste
fue	tuvo	pudo	estuvo	hizo	dio
fuimos	tuvimos	pudimos	estuvimos	hicimos	dimos
fuisteis	tuvisteis	pudisteis	estuvisteis	hicisteis	disteis
fueron	tuvieron	pudieron	estuvieron	hicieron	dieron

10 1. ¿Dónde estuvisteis Susana y tú el domingo pasado?
2. El domingo pasado Susana y yo estuvimos en el Museo de Frida Kahlo.
3. En el 2000 Inés y Eugenio vivieron en Ciudad de México.
4. El fin de semana pasado Clara y Mercedes fueron al Parque Ecológico.
5. El mes pasado viajé por todo México.
6. Y tú, ¿fuiste a la discoteca ayer?
7. El lunes pasado visité a mis abuelos.
8. Ayer por la noche mi abuelo habló del terremoto.
9. El domingo pasado mi primo nos recibió en el aeropuerto.

11 **Musterlösung:**
1. te levantaste – Me levanté a las ocho.
2. hiciste – Aprendí español.
3. comiste – Sí, comí solo.
4. fue – Fue a las tres de la tarde.
5. Viste – No, no vi nada en la tele.
6. te fuiste – Me fui a la cama a las diez de la noche.

12 **a)**
1. ¿Dónde estuviste?
2. ¿Cuántas semanas pasaste allí?
3. ¿Te gustó?
4. ¿Qué visitaste?
5. ¿Qué comiste?

b) Musterlösung:
1. ¿A quién conociste? – Conocí a una chica de Francia.
2. ¿Qué hiciste por la noche? – Por la noche salí con mi hermana.

13 porque – Cuando – donde – sin embargo – pero – aunque – Como – Pero

14 **a) individuelle Lösung**

b)
el señor Gómez: la sopa de pescado, el salmón a la plancha, un vino blanco, agua mineral, un flan casero, un café con leche

6

la señora Neumann: una ensalada mixta, una paella de verduras, un vino blanco, agua mineral, un café con leche

c)
Camarero: Buenos días. ¿Qué van a tomar las señoras?
Sra. Tiede: Para mí, de primero, el gazpacho andaluz y de segundo el filete.
Camarero: ¿Y para usted?
Sra. Blanca: Bueno, para mí, una ensalada mixta y los espaguetis, por favor.
Camarero: ¿Y para beber?
Sra. Blanca: Una botella de agua mineral y un vino blanco, por favor.
Sra. Tiede: Y para mí, un vino tinto.

...

Sra. Tiede: ¿Qué tal los espaguetis?
Sra. Blanca: Hmm, muy ricos. ¿Y tu filete?
Sra. Tiede: Está bien.

...

Camarero: ¿Van a tomar un postre?
Sra. Tiede: Un helado con fresas, por favor.
Sra. Blanca: Y para mí, el flan.
Camarero: Muy bien.

...

Sra. Blanca: La cuenta, por favor.

1

	¿Qué profesión?	¿Por qué?	¿Por qué no?
Sergio	peluquero	– es creativo – le gustaría trabajar con las manos – ya no quiere ir al instituto	– piensa que es una profesión para chicas
Araceli	actriz	– sabe bailar y cantar – es activa y deportista – le gusta actuar	– sus padres dicen que es una profesión sin futuro
Marco	músico	– toca la guitarra en un grupo de música	– es difícil encontrar trabajo
	informático	– le gusta trabajar con su ordenador, escribe programas, etc. – le gustaría estudiar en la universidad – los informáticos ganan bien – es una profesión con futuro	– trabajan mucho, muchas horas extra

2 1. profesora – 2. camarera – 3. taxista – 4. piloto – 5. médica – 6. veterinaria – 7. futbolista –
8. mecánico

3 1. en una tienda – 2. en la clase – 3. en la cafetería – 4. en el aeropuerto – 5. en el cine – 6. en una
boda

4 a)
1. Es beginnt im August.
2. eine Berufsausbildung oder ein Studium als Erzieher, Sozialarbeiter o. Ä., Interesse an einem
Praktikum in einer deutschen Bildungseinrichtung in Spanien, ein hohes Maß an Entschlusskraft,
Flexibilität, Einsatzbereitschaft, Teamfähigkeit, mündliche Ausdruckfähigkeit, Offenheit, Herzlichkeit, Engagement, Selbstständigkeit
3. Sie bieten Einblick in ein interessantes Berufsfeld, Betreuung im Praktikum, Zusammenarbeit mit
Bildungseinrichtungen, ein interessantes und aufgeschlossenes Team, Hilfe bei der
Wohnungssuche.
4. Sie wollen einen kurzen Lebenslauf mit allen wichtigen Angaben, der nach Madrid geschickt werden muss.

b) 1. f – 2. c – 3. c – 4. c – 5. f – 6. f – 7. ? – 8. c – 9. f – 10. ?
c) Tengo 19 años; terminé la formación profesional como educadora; Soy una persona abierta y comprometida. Me gusta mucho trabajar en equipo, pero también puedo trabajar muy bien sola

6 a) Berufschancen – posibilidades laborales; Grundschullehrer – maestro de párvulos; Sozialarbeiter
– trabajador social; Stellen – puestos

b) Musterlösung:

Querido Manuel:

¡Qué bien que quieres hacer tu formación profesional en Alemania! Mira, aquí, la formación dura tres años. Uno va al instituto dos veces a la semana y los otros días trabajas en la empresa. Normalmente es fácil encontrar puestos para hacer prácticas, aunque a veces no te pagan nada. Pero si haces una formación profesional te pagan los días en la empresa. Tienes un contrato normal y ya te puedes acostumbrar poco a poco a la vida profesional. Después de la formación puedes muchas veces quedarte en la empresa si haces un buen trabajo. Si tienes más preguntas, ¡mándame otra carta! ¡Muchos saludos!

7 **Musterlösung:** ¡Ven a Alemania! Todos conocen Berlín, es la capital alemana con la Puerta de Brandeburgo. Pero no toda la gente quiere pasar sus vacaciones en la ciudad. Alemania ofrece más, en este país se pueden pasar vacaciones en la playa del Mar del Norte donde se pueden hacer excursiones en bici o barco. También hay muchos lugares de interés en todo el país, como el castillo[1] Neuschwanstein en Baviera. ¡Ven a descubrir[2] Alemania donde todo un mundo te espera!

1 el castillo das Schloss **2 descubrir** entdecken

8 que – lo que – que – que – lo que – lo que – que – lo que – lo que

9 **a)** 1. ¿Queréis quedaros a comer? – 2. Tengo que acostarme ahora. – 3. ¿Quiénes están quejándose? – 4. ¿Tus gafas? ¿Estás buscándolas otra vez?

b) 2. Voy a preguntarle. / Le voy a preguntar. – 3. Y voy a regalarle un libro de cocina. / Y le voy a regalar un libro de cocina. – 4. Mañana voy a comprarlo. / Mañana lo voy a comprar. – 5. Claro que puedes invitarla. / Claro que la puedes invitar.

c) 2. Ya estoy levantándome. / Ya me estoy levantando. – 3. Sí, estoy duchándome. / Sí, me estoy duchando. – 4. Papá está comprándola. / Papá la está comprando. – 5. No lo sé, estoy buscándolas también. / No lo sé, las estoy buscando también. – 6. No, sólo estoy leyéndolos. / No, sólo los estoy leyendo. – 7. Ya estoy llamándolas. / Ya las estoy llamando. – 8. No, ya estoy acostándome. / Ya me estoy acostando.

10 1. No, ya no tengo ninguna. – 2. No, no hay ninguno. – 3. No, no puedo ningún día. – 4. No, no tengo ninguno. – 5. No, no hay nada. – 6. No, no tengo ningún problema.

11 1. sabe; puede – 2. puedo; sé – 3. sabe; puede – 4. sabe – 5. sabe; sabe; puede

12 1. estudia – 2. Mira – 3. abre – 4. Hablad – 5. Abrid; leed – 6. contesta – 7. Trabajad; escribid

13 1. Vuelve – 2. Discutid – 3. Sal – 4. Pon – 5. ven – 6. cuenta – 7. Visitad – 8. Juega – 9. Lee – 10. Vete – 11. Sé – 12. haz

14 1. se venden – 2. se habla – 3. Se buscan/necesitan – 4. Se vende – 5. Se necesitan/buscan – 6. se pagan

15 Para – para – Para – por – para – para – Para – para – para – por – por – por – para – por – por – por – por

16 1. Estáis hablando todo el tiempo. – 2. Todas tus amigas son muy simpáticas. – 3. Ayer bailamos toda la noche en la discoteca. – 4. Voy a invitar a todos mis amigos. – 5. Todos sus colegas toman un café por la mañana.

17 Agencia Ven y Viaja: grande, mal, buenas, bueno – Agencia Sol y Luz: buen, buena, buen

18 **a)** 1. Es geht um ein sechsmonatiges Praktikum an der Rezeption eines 3-Sterne-Hotels in Málaga, Andalusien. Erwünscht sind MS-Office- und Sprachkenntnisse (z.B. Englisch, Deutsch, Russisch, Französisch), Team- und Kommunikationsfähigkeit sowie Kundenbetreuung. Ein gepflegtes Äußeres, zeitliche Flexibilität und eine europäische Arbeitserlaubnis werden verlangt. Dafür wird die Einbindung in ein erfahrenes Team, Unterkunft für die ersten drei Monate, Ausbildung auf Hotelkosten und 250 € Vergütung monatlich geboten.

b) Asunto: Su anuncio en la página web – Estimada señora... – me dirijo a Ud. Con motivo de la oferta de trabajao publicada en su página web – Estoy interesada en el puesto – Tengo mucho interés en... – Me gustaría combinar este interés con mi profesión. – Me interesa también tener experiencias de trabajo con... – Soy una persona abierta y comprometida. – Me gusta mucho trabajar en equipo, pero también puedo trabajar muy bien sola cuando es necesario. – Con mucho gusto me puedo entrevistar con Uds. Por teléfono en la fecha y hora que más les convenga. – En espera de sus noticias, le saluda atentamente

c) Musterlösung:

Laura Gruhl – Tannenweg 4 – 16515 Oranienburg

Hotel Mirasol
Sr. José Molina Bazán
Pasillo De Santa Isabel, 23
29005 Málaga

10 de marzo de 2011

Asunto: Su anuncio en su página web

Estimado señor Molina Bazán:

me dirijo a Ud. con motivo de la oferta de trabajo publicada en su página web. Estoy interesada en el puesto de recepcionista contratado por seis meses.

Tengo 18 años y en la actualidad vivo en Oranienburg, en Alemania. Este verano voy a terminar el bachillerato. Después del bachillerato quiero estudiar turismo, pero primero quiero hacer unas prácticas en España.

Estudié inglés y español en el instituto y además hice prácticas durante tres semanas en la recepción del Hotel Ramada en Berlín. También estoy trabajando a veces como camarera en un café en Oranienburg. Tengo mucho interés en el turismo y en la cultura y la lengua española. Me gustaría combinar este interés con mi profesión. Me interesa también tener experiencias de trabajo en el extranjero antes de empezar los estudios.

Soy una persona abierta y comprometida. Me gusta trabajar en equipo, pero también puedo trabajar muy bien sola cuando es necesario.

Con mucho gusto me puedo entrevistar con Ud. por teléfono en la fecha y hora que más le convenga.

En espera de sus noticias, le saluda atentamente,

Laura Gruhl

7

1 a)

1. Alexander viajó a Santiago de Compostela solo.
2. Para Alexander el viaje fue una experiencia positiva.

b)

1. c – 2. f –3. f – 4. c – 5. f – 6. c –7. c
2. Alexander hizo el Camino de Santiago en bicicleta.
3. Pasó unos días en casa de sus amigos en Bilbao.
5. Alexander nunca estaba triste.

2

3

4 a)

los pinchos

La Concha

el corte de troncos (aizkolari)

el Museo Guggenheim

el euskera / el vasco

b) horario: de martes a domingo 10:00 a 20:00 h., lunes: cerrado, en julio y agosto: de lunes a domingo de 10:00 a 20:00 h.; entrada para un estudiante: 7,50 euros.

6 **Musterlösung:** Hoy en el norte de España va a estar nublado todo el día. En el sur va a hacer sol y el cielo va a estar despejado. La temperatura máxima va a ser de 30 grados en la costa del sur, en el norte va a hacer unos 18 grados y en Castilla va a hacer 23 grados. Por la noche la temperatura puede bajar hasta los 8 grados en el norte y hasta los 13 grados en Castilla. En el sur va a hacer calor con 21 grados. Puede haber tormentas en el norte por la noche. En Castilla va a hacer viento, en el sur va a estar nublado. Mañana va a seguir lloviendo en el norte donde va a hacer frío también con sólo 15 grados. En el centro va a estar nublado y la temperatura máxima va a ser de 18 grados. En el sur va a hacer buen tiempo, la temperatura máxima va a ser de 26 grados.

7 **Musterlösung:** Las dos fotos muestran los paisajes de Andalucía y el País Vasco. En Andalucía hay campos de olivos que están en los cerros. No hay muchos bosques porque hace mucho sol en Andalucía y no llueve mucho. En el País Vasco tembién hay muchos cerros, pero allí todo es más verde porque llueve más: en la foto se pueden ver bosques y céspedes muy verdes. Los cerros además son más altos que en Andalucía porque el País Vasco está cerca de los Pirineos.

8 **Musterlösung:** El mes pasado fui con mi familia a Mecklemburgo en el norte de Alemania. Era un día muy bonito y hacía muy buen tiempo. Hacía mucho sol y no había una nube en el cielo. Hicimos una excursión en bici para llegar a un lago y para nadar. Cruzábamos un bosque, pasábamos por unos campos cuando, de repente, encontramos a unos amigos de mis padres. Entonces pasamos el resto del día con ellos. Para mí, era un poco aburrido, pero sin embargo disfruté del día nadando en el lago.

9

existir	existen	existián	ir	voy	iba
tener	tienen	teníamos	dar	damos	dábamos
caminar	caminan	caminaban	llevar	llevas	llevabas
ver	veis	veíais	ser	es	era
hacer	hacen	hacían			

10 1. Antes sólo los peregrinos recorrían el Camino de Santiago.
2. Antes sólo existía el motivo religioso para hacer el camino.
3. Antes los peregrinos no llevaban buenos zapatos para caminar.
4. Antes todos los peregrinos iban a pie.
5. Antes muchos peregrinos dormían al lado del camino.
6. Antes casi todos los peregrinos eran hombres.
7. Antes los peregrinos no llevaban mochilas.
8. Antes hacer el camino era difícil.

11 vivían – era – había – dijo – fueron – reservaron – tenía – pasaba – quería – se fue

12 solamente – Actualmente – Afortunadamente – normalmente – realmente – Desgraciadamente – afortunadamente – tranquilamente

13 1b Cuando Mario llegó a casa de Eliana, hacía sol todavía.
2c Cuando estaban todos los amigos en el jardín, cambió el tiempo.
3d Mientras ellos tomaban las tapas, empezó a llover.
4a Pero cuando volvían todos a sus casas, hizo calor otra vez.

14 escribí – estaba – caminamos – era – hacía/hizo – empezó – tomamos – estaban – decidimos – encontramos – había – hizo – había

15 1. Frau Neumann und Herr Meister fahren auf eine Messe nach Bilbao.
2. 2 Einzelzimmer mit Frühstück.
3. einen Konferenzraum mit Laptop und Getränken.
4. die Rechnung.
5. zu den Transportmöglichkeiten zwischen Hotel und Messegelände.

16 – Offensichtlich wurde statt zweier Einzelzimmer ein Doppelzimmer reserviert.
– Perdona, señor. No puede ser. La señora Roth ha reservado dos habitaciones individuales.
– Wir haben Glück. In der fünften Etage sind noch zwei Einzelzimmer mit toller Aussicht frei.
– ¿Es posible preparar la sala de reuniones para mañana media hora antes?
– Kein Problem. Der Konferenzraum wird um halb neun fertig sein.
– Muchas gracias por su ayuda, también de parte de mi colega.

1

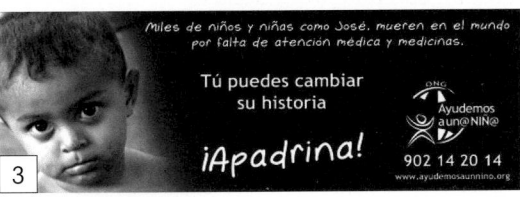

2 1. muy alegre – 2.a los 16 años – 3. Malawi – 4. un hospital – 5. arroz y maíz – 6. a la gente en sus pueblos – 7. solo

3 1. f – 2. c – 3. c – 4. f – 5. f – 6. c – 7. c – 8. c – 9. f

5 **Musterlösung:**

¡Hola a todos!

Este es el primer e-mail que escribo desde que llegué a Quito anteayer por la tarde. El vuelo estuvo bastante bien porque conocí a otro voluntario. Al llegar al aeropuerto ya me esperaba la señora de la agencia quien me llevó a conocer mi nueva habitación. Es una habitación muy sencilla, tiene una cama,un escritorio con silla y hasta una pequeña ventana. En realidad, sólo tengo lo necesario pero es suficiente. Ayer por la mañana me levanté muy temprano porque antes de ir a la escuela quería ver un poco la ciudad. El problema fue que después no pude encontrar el camino a la escuela. Pero después de preguntar a un señor, llegué allí muy rápidamente. Cuando llegué los niños ya me espe-raban y el señor Martín me saludó. Él es el director de la escuela. Después, el señor Martín me invitó a su casa para cenar con él y con su familia. Es una familia muy alegre y su esposa cocina muy rico. Los primeros días, lo he pasado muy bien y espero con muchas ganas lo que viene.

¡Hasta pronto! Tim

6 **Musterlösung:** Todos los niños tienen derechos. El primero de los diez derechos de los niños es que tienen el derecho a ser niños. Esto significa que pueden jugar y que no tienen que trabajar. Además tienen el derecho a crecer en libertad. Eso quiere decir que pueden vivir en un país democrático. El tercer derecho dice que todos los niños tienen derecho a una identidad. Puede significar que pueden decidir sobre su religión y su carácter. Además tienen el derecho a la salud. Este cuarto derecho ex-presa que pueden comer cuando tienen hambre y que pueden ir al médico cuando están enfermos. El quinto derecho es que tienen el derecho a cuidados especiales. También tienen derecho a una fa-milia. Este sexto derecho significa que los niños deben crecer en un ambiente familiar y que pueden, por ejemplo, pasar su tiempo con otros niños. El séptimo derecho, el derecho a una buena educación, dice que los niños deben ir al colegio para aprender mucho. Además tienen el derecho a protección y socorro y a no ser abandonados ni maltratados. Estos derechos significan que viven sin violencia y que todos les ayudan si tienen problemas. Finalmente tienen el derecho a no ser discriminados. Esto significa que no deben ser excluidos[1] por el color de la piel, por ejemplo.

1 **exluido/-a** ausgeschlossen

7 1. acaban de llegar – 2. acabamos de llevarlos – 3. Acaba de llamar – va a venir – 4. acaban de poner – 5. van a tocar – 6. acaban de poner – 7. Acabo de llamar; va a llevarla – 8. Vamos a esperar

8 1. Es Sara. Dice que ahora está en Albacete, pero que va a volver por la noche.
2. Dice que está visitando a su tía en el hospital.
3. Quiere saber qué estamos haciendo.
4. Dice que acaba de hablar con Juan y que quieren ir al cine esta noche.
5. Pregunta si tenemos ganas de ir con ellos.
6. Pregunta a qué hora quedamos.

9 he ido – he estado – Has estudiado – He trabajado – he sabido – has aprobado – has sacado – he tenido – hemos estudiado – Ha pasado – habéis preparado – ha pasado – han decidido

10 1. Han llamado – Han dicho
2. Han estado – hemos pasado – Hemos jugado – han/ hemos mandado
3. he ido – has hecho
4. He salido – Habéis encontrado – he podido

11 1. No, todavía no me los he comprado pero quiero comprármelos esta tarde.
2. No, no te lo he recomendado, pero quiero recomendártelo.
3. No, todavía no se lo he explicado, pero puedo decírselo esta mañana.
4. No, todavía no os la hemos contado, pero queremos contárosla la próxima vez.
5. No, todavía no se lo hemos dado, pero vamos a dárselo la semana que viene.
6. No, todavía no se las han mandado, pero van a mandárselas ahora mismo.

12 2. Ya me las he comprado.
3. Ya se lo he demostrado.
4. Ya se lo he dicho.
5. ¡Ya te lo he explicado cinco veces!
6. Ya se lo he preguntado.

13 2. Sigue trabajando para esta empresa.
3. Lleva diez años viviendo en Madrid.
4. Sigue viviendo en Madrid.
5. Gracias al nuevo profe de Matemáticas voy comprendiendo.
6. ¿Sigue saliendo con su novia Clara?
7. Llevan ocho meses saliendo juntos.
8. ¿Sigue viendo la tele?

14 a)

Antes de salir de casa quiero hacer una llamada importante.

Hasta no terminar mi trabajo no voy a poder salir con vosotros.

Por no estudiar bastante tuve que repetir el curso.

Después de comer me acosté un momento.

Al entrar a la oficina no pude decir nada.

Para llegar a tiempo tomé un taxi.

b) Musterlösung:

Antes de poner la película venden bebidas.

Hasta no resolver el conflicto no voy a poder dormir bien.

Por no saludar al jefe de la empresa no recibió el contrato.

Después de donar sangre se sintió muy bien.

Al conocer al equipo estaba muy feliz.

Para demostrar que soy aplicado trabajé toda la noche.

15 1. lo – 2. la – 3. Ø – 4. los – 5. lo – 6. la – 7. las – 8. les – 9. les

16 (Ya) ha pasado – (desde que) llegué – podía – ha sorprendido – he conocido – he tenido – (el otro día) visitaron – llegaron – necesitaban – estaba – lloró – pensé – lloraba – entendí – quería – prefería – (Ese día) sentí – (El último fin de semana) fui – hicimos – Era – hacía

17 **a)** 1 die Bestellung – 2 dieses Monats – 3 das Angebot – 4 die Lieferung – 5 die Einheit, das Stück – 6 teilen Sie uns bitte mit – 7 die Transportkosten – 8 das Ankunftsdatum – 9 die Ware – 10 das Lager

b) 1. r – 2. f – 3. r – 4. f – 5. f

c) Asunto – Betreff; Estimado ... – Sehr geehrte/r ...; Le saluda atentamente – Mit freundlichen Grüßen

9

1
1. Se dirige a otros niños.
2. El spot trata del medioambiente
3. Se pueden reciclar los restos de la comida.
4. «Recuerda que en la naturaleza todo se recicla.» El chico explica que tenemos que reciclar.
5. Es el día mundial del medioambiente.

2 **a)** 1. c – 2. f – 3. c – 4. f – 5. c – 6. ? – 7. c – 8. f

b) Roberto quiere ir a la reunión con su grupo ecológico y hacer planes para luchar contra la fábrica de química. Tanbién quiere organizar una manifestación porque quiere que pongan la fábrica en el centro industrial.
Maite quiere ir a la discoteca y salir de fiesta.
Juan quiere que Maite no le hable así a Roberto.

3 **a)** Carmen vive en la calle de Salamanca, número 17, enfrente de contenedores de vidrio. A ella le parece bien que se recicle la basura. Pero ella ya no puede dormir porque la gente tira sus botellas al contenedor a las 12 de la noche. El empleado le recomienda que escriba una carta al Ayuntamiento y que explique otra vez el problema.

b) tirar – (hinein)werfen

4 **a) Musterlösung:**

ambiental		el medio ambiente	F: ambiance	Umwelt-
la contaminación	x		D: kontaminieren	Verschmutzung
las autoridades	x		E: authority	Behörde
registrarse	x		D: registrieren	feststellen
la salida		salir		Stilllegung
la circulación			D: zirkulieren	Verkehr
el automóvil	x		D: Auto	Auto
estricto/-a	x		E: strict	streng
el cumplimiento	x	cumplir		Erfüllung
el vehículo			D: Vehikel	Fahrzeug
carecer	x			fehlen
la prohibición	x	prohibido/-a		Verbot
la recomendación		recomendar	F: recommander	Empfehlung
abstenerse			D: Abstinenz	verzichten
realizar	x		D: realisieren	ausüben
instalado/-a			E: install	eingerichtet
diverso/-a	x		D: divers	verschieden
la partícula	x		D: Partikel	Partikel, Stoff
el metro cúbico		el metro	D: Kubikmeter	Kubikmeter

considerado/-a			E: consider	erachtet
el sector	x		D: Sektor	Gegend
contaminado/-a	x	la contaminación	D: kontaminiert	verschmutzt
constante			D: konstant	dauerhaft
el episodio			D: Episode	Episode
principalmente	x		F: principalement	hauptsächlich
el otoño	x		F: automne	Herbst

b) 1. c – 2. c – 3. c – 4. f – 5. f – 6. c – 7. f

6 **Musterlösung:** En muchos supermercados les regalan bolsas de plástico a los clientes. Nosotros los clientes enseguida las tiramos a la basura cuando llegamos a casa. La imagen presenta este problema. Muestra una típica bolsa de plástico de las que se regalan en los supermercados. La bolsa está puesta en la cabeza de un señor que entonces no puede respirar. En esta bolsa se escribe «Con menos bolsas de plástico todos podremos respirar más tranquilos.» Con esta frase se expresa que las bolsas de plástico son un problema para el medio ambiente porque tardan unos 400 años en descomponerse. Como usamos muchas bolsas de plástico, hay mucha basura también que contamina el medio ambiente. Pienso que el anuncio comunica bien su mensaje porque es una imagen simple con un mensaje claro y convincente. En resumen me parece una buena idea.

7 **a)** En este cartel se pueden ver dos manos en el centro que juntas forman un globo[1]. Parte de las manos es azul como el mar, el resto es de color marrón, rojo o verde como la tierra. El fondo[2] es de color lila. Abajo hay un texto que dice «Generando consciencia, entre todos, podemos!!! Ayúdame/Ayúdate/Ayúdalos». El cartel expresa que tenemos que implicarnos todos para proteger el medio ambiente. Me parece interesante porque muestra con un gesto[3] muy simple que lo más importante es ayudarse.

1 **el globo** Erdball 2 **el fondo** Hintergrund 3 **el gesto** Geste

10

b) ¿Ya habéis pensado en cuántas veces al día necesitamos agua? Ya empieza por la mañana cuando nos duchamos, sigue con el café o el té que preparamos. Durante el día bebemos el agua potable que sale del grifo, regamos las plantas, lavamos la ropa o los platos o aún vamos a la piscina.
¿Por qué no pensar un poco en ahorrar agua cuando es tan importante en el día a día? En muchos países tener agua siempre no es normal y todos necesitamos agua limpia muchas veces al día. Nosotros también tenemos que pensar en el futuro. ¿Pero cómo podemos ahorrar el agua? Os presento algunas ideas: podemos, por ejemplo, cerrar el grifo en seguida para no perder tanta agua. También es mejor ducharnos porque al bañarnos ¡gastamos por lo menos 150 litros de agua! Tampoco es necesario limpiar cada plato solo, es mejor poner el lavaplatos cuando ya tenemos muchos platos. Además muchas lavadoras tienen programas especiales para no gastar tanta agua. Finalmente podemos regar las plantas por la noche. Estas son solo algunas ideas para ahorrar agua cada día. Porque ahorrar agua es proteger el medio ambiente.

8 **Musterlösung:**
Estimados señores y señoras:
Vivo en la calle de Salamanca, 17, justo enfrente de unos contenedores de vidrio. Me dirijo a Uds. porque me parece mal que haya mucha gente que tire las botellas por la noche porque es muy ruidoso. Es importante que separemos la basura, pero no creo que sea necesario hacerlo a las 12 de la noche. Incluso los carteles en los contenedores donde pone que no se debe tirar el vidrio de noche no ayudan nada. Por eso quiero que manden a una persona para controlar la situación.
En espera de sus noticias, les saluda atentamente
Carmen González

9 Musterlösung: 2. ¡No veas... – 3. ¡No utilices... – 4. ¡No uses... – 5. ¡No vayas... – 6. ¡No hagas... – 7. ¡No pongas...

10 1. vivan – 2. tome – 3. trabajen – 4. encuentren – 5. se use – 6. se recicle – 7. tengas – 8. paséis

11 2. No pienso que tengamos suficientes platos para poner el lavaplatos.

3. No creo que las bombillas normales gasten menos electricidad.

4. No creo que los españoles se interesen mucho por el medio ambiente.

5. No pienso que la mayoría de los españoles separe la basura.

12 Musterlösung:

Es importante que los productores puedan tener una vida digna.

Está muy bien que la gente pague un precio justo por los productos.

Es necesario que «Comercio Justo» rechace el trabajo infantil.

Es fantástico que «Comercio Justo» pague el precio justo a los productores.

13 1. ... importe la conservación del medio ambiente.

2. ... en las plantaciones se utilicen muchos pesticidas.

3. ... trabaje en una plantación donde se utilizan pesticidas.

4. ... su hijo pueda tener problemas con los pulmones.

5. ... el jefe de Enrique no necesite a más personas.

6. ... a Enrique no le preocupe el futuro.

7. ... haya mucha pobreza en el mundo.

8. ... en Europa haya una gran demanda de productos ecológicos.

14 esté – ver – puedan – recomienden – sea – sea – tenemos – tengan – contesten – manden

15 1. pongas; lavar; llenar – 2. usen; recicle – 3. sea; usas; es; bañarse

16 a) 1 die Reklamation – 2 der vorgegebene Zeitraum – 3 die (Zu-)Sendung – 4 leider – 5 die Verpackung – 6 reklamieren – 7 selbstverständlich – 8 zurückgeben, -schicken – 9 beschädigt – 10 die Antwort

b) Musterlösung:

BBZ Schließsysteme Hamburg | Industriepark Reinbek | 21465 Hamburg

Técnica de automóviles Getxo S. L.
Calle Alcalá, 54
Bilbao / España

Asunto: Su reclamación del pedido No 7563

Hamburg, 11 de junio de 2010

Estimada Sra López Molina:

Lamentamos mucho que las cerraduras que les enviamos tengan ralladuras. Para aclarar la situación nuestro representante en España les va a visitar pronto. Al recibir su informe les vamos a mandar otras 400 cerraduras. Estamos seguros de que podemos mantener buenas relaciones comerciales con ustedes.

Muy atentamente,

UNIDAD 1.1. LA ECONOMÍA DE ESPAÑA

1 1. f – 2. ? – 3. c – 4. f – 5. f – 6. c – 7. c – 8. c

2 1. integración, discriminación, trabajo, idioma – 2. integración, idioma – 3. integración, trabajo –
4. integración, discriminación, trabajo

3 queso manchego a 9,50 € el kilo, los 2 kilos con media docena de copas de regalo
jamón serrano a 15,30 € el kilo, jamón de jabugo a 36 € el kilo, cuchillo jamonero de regalo si se
compra el jamón entero
sandía a 90 céntimos el kilo, comprar tres y pagar dos
aceitunas negra a 77 céntimos la lata

4 **a)** Der Ausbruch des isländischen Vulkans führte zur Schließung des europäischen Luftraums und
hat die Anzahl der Urlauber in Spanien stark beeinflusst.

b) 1. f – 2. c – 3. c – 4. f – 5. c – 6. f

6 **Musterlösung:** Este gráfico muestra la tasa de paro de los estados federados de Alemania en mayo de
2010. El estado federado Berlín es la región con la tasa de paro más alto con casi un 14 por ciento, Baviera es él que tiene la tasa de paro menos alto con un 4,4 por ciento. En Turingia una de cada diez
personas no tiene trabajo, allí la tasa de paro es más alta que la tasa de paro nacional: un 7,7 por
ciento de los alemanes está en paro. Esto significa que Berlín es una región económicamente no muy
fuerte porque tiene la tasa de paro más alta de toda Alemania. Baden-Wurtemberg, por el contrario,
tiene una tasa de paro de sólo un cinco por ciento. Eso quiere decir que es una región económicamente fuerte.
En resumen este gráfico muestra que la tasa de paro es muy diferente en los estados federados de
Alemania.

7 **Musterlösung:**
Madrid, 30 de mayo de 2011
Querida abuelita:
¿Qué tal en Perú? Yo estoy pasando unos días muy bonitos aquí en Madrid. Hace muy buen tiempo y
no tengo que trabajar tanto. Cada día voy a la oficina donde trabajo como teleoperadora. Conozco a
mucha gente en el teléfono y a veces es muy interesante. Claro, también hay días en que puede ser
muy aburrido. Cuando tenga suficiente dinero para pagar un vuelo, la voy a visitar en Perú. Pero an-
tes tengo que seguir trabajando mucho aquí. Acabo de escribir una solicitud para un trabajo en otra
oficina donde necesitan personas que han estudiado Derecho. A ver si cambio de puesto.
Espero que le vaya bien, mi abuelita.
Besos
Jaqueline

8 **a) Musterlösung:** Los tres carteles son parte de una publicidad para España. El primer cartel está en
inglés y presenta aspectos típicos de la cultura de Andalucía. En el centro hay una mujer que baila
flamenco y dos personas que aplauden. Detrás se puede ver una casa en estilo árabe. Abajo vemos la
Alhambra, un palacio famoso, que está en un cerro. El segundo cartel muestra dos personas en el

11

centro que llevan ropa de esquí. Detrás de ellos hay cerros y mucha nieve. Abajo se puede ver una¹ piscina. El tercer cartel en el libro muestra también a dos personas en el centro. Son dos mujeres que están en un coche delante de una ciudad blanca. Esta ciudad también está en un cerro, delante de la ciudad hay mucho verde. Abajo se puede ver un lago muy tranquilo. Los tres carteles muestran a dos personas felices, hay cerros y naturaleza y se puede conocer diferentes aspectos del turismo en España

1 **la nieve** der Schnee

b) Musterlösung: Creo que el primer cartel se dirige a las personas a las que les gusta la cultura y el baile. Se dirige quizás a personas mayores. El segundo cartel se dirige probablemente a la generación más joven y a familias a las que les gusta el deporte de invierno. Finalmente, el último cartel se dirige a la generación más joven que no tiene tanto dinero y que prefiere unas vacaciones individuales porque muestra a dos chicas en un coche.

9 Galicia: habitantes – Europa – emigración – en busca de – pesca – contar – exportación
El País Vasco: industria pesada – poblada – tasa de paro
Andalucía: población – diversidad – verduras – enorme – invernaderos – convertirse – desierto
Cataluña: destino – turistas extranjeros – Gracias a – farmacéutica – automovilística – rica

10 1. a no ser que – 2. para que – 3. Ojalá que; para que – 4. En el caso de que – 5. a no ser que – 6. En el caso de que – 7. sin que – 8. a no ser que

11 1. No, a no ser que mi madre me lo pida.
2. Ojalá que saques una buena nota.
3. Para que me digas tu opinión y me des un consejo.
4. Sí, en el caso de que la vea.
5. Ojalá que pronto encuentres algo nuevo.
6. Antes de que mis padres vuelvan de las vacaciones.
7. Sí, pero sin que ella se dé cuenta. Es una sorpresa.

12 1. sin – 2. Antes de que – 3. sin que – 4. para – 5. Antes de – 6. Para que

13 1. Donde haya sitio.
2. Haz lo que quieras.
3. Ponte lo que te guste.
4. Cuando tengas tiempo.
5. Donde tú digas.

14 1. les ofrezcan una vida con futuro en España.
2. puedan hacer sin hablar español.
3. tengan que hacer para ganar dinero.
4. les gustan.
5. hay guerras y donde la gente pasa hambre.

15 1. llegues – 2. venís – 3. vuelva – 4. te vayas – 5. tienen – 6. aprendas – 7. tuvo – 8. haya – 9. gaste – 10. gana – 11. hace – 12. estudies – 13. llegue – 14. haga – 15. paguen – 16. se dirige – 17. voy – 18. tiene – 19. siga – 20. llueva

16 Individuelle Lösung

17 a)

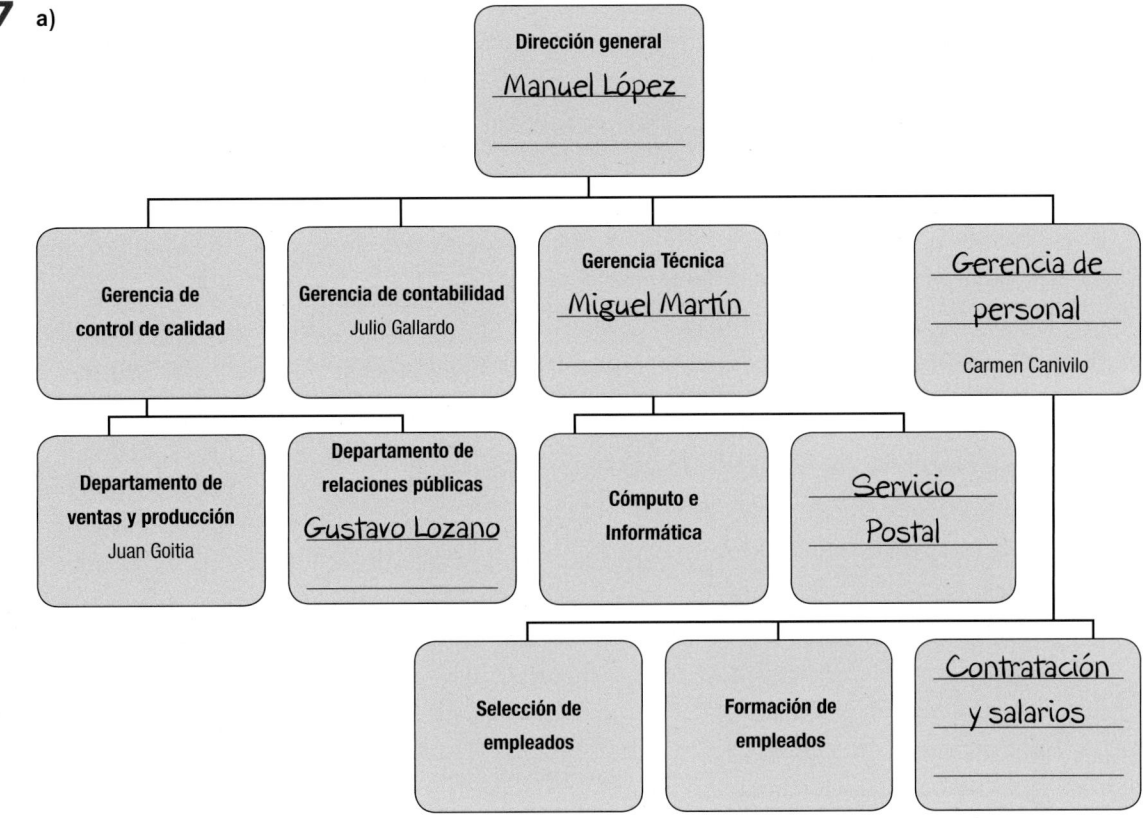

b) 1. c – 2. f – 3. c – 4. c – 5. f

1 1. Venezuela – 2. Caribe – 3. 93 – 4. 27 – 5. el windsurf, el esnórquel – 6. Isla de Coche – 7. del mar – 8. nadar con delfines – 9. tiene aeropuerto internacional

2 1. f – 2. c – 3. c – 4. c – 5. f – 6. f

1. Colombia, Ecuador, Perú y Bolivia forman la CAN.
5. En 1993 se creó la zona andina de libre comercio.
6. Desde entonces, se han creado 800.000 puestos de trabajo.

3 **a)** Geschäfte machen in Mexiko

b) Die Webseite will vermitteln, dass Mexiko gute Geschäftsmöglichkeiten bietet und dass jetzt ein guter Zeitpunkt ist, um in Mexiko zu investieren. Im internationalen Vergleich, und besonders im Vergleich mit anderen Schwellenländern, ist Mexiko als Standort sehr konkurrenzfähig.

c)

[X] Handel	[X] Anleitung zum Investieren in Mexiko
[ ] Freihandelsabkommen	[ ] Partnerorganisationen
[X] Kontakt	[X] Services für Investoren
[ ] mexikanisches Bankensystem	[X] ProMéxico-Büros weltweit
[X] logistische Infrastruktur	

5 Si yo pudiera viajar a América Latina iría a México y a Guatemala. Me gustaría mucho conocer las pirámides mayas y aztecas y las tradiciones y culturas indígenas. En Guatemala más de la mitad de la población es indígena. Ellos hablan sus propias lenguas, pero con el resto de la gente me podría comunicar en español. He aprendido mucho en mis cursos. Primero llegaría a la enorme ciudad de México y viajaría por el sur del país: Puebla, Oaxaca, Tabasco, Campeche, Yucatán y Chiapas. Desde Chiapas, cruzaría la frontera con Guatemala en un bote por el río Usumacinta. No me gustaría quedarme en la ciudad, es peligrosa. Me gustaría ir a Antigua, la antigua capital. Es muy pintoresca e interesante por su arquitectura. Por último me quedaría un par de semanas en San Pedro La Laguna, un pueblo muy cerca del famoso lago de Atitlán y del volcán San Pedro. Ahí, andaría en bici todos los días y nadaría en el lago, también subiría en caballo hasta la boca del volcán. Muchos extranjeros trabajan como meseros por largas temporadas para quedarse mucho tiempo allí, yo también podría hacerlo y así, disfrutaría más de estos hermosos lugares, por ejemplo, viajaría en autobús a los pueblos cercanos a San Pedro, visitaría los mercados y compraría muchas artesanías.

6 Hola, Paula:

Ya pronto nos vemos, estoy muy contenta porque falta muy poco para que llegue a Buenos Aires. Qué bueno que estás de vacaciones para que podamos hacer muchas cosas juntas.

He estado pensando qué quiero hacer allá. ¡Son tantas cosas! Me encantaría pasear por el barrio de San Telmo. El otro día vi en un documental que es genial porque los sábados hay muchos bailarines de tango, titiriteros, músicos y artistas callejeros. ¿Sabes cada cuándo se pone la feria tan famosa de antigüedades en San Telmo? He leído que el barrio es de lo mejor y no me lo puedo perder. También quisiera ir a algunos museos e iglesias, deben ser muy bonitas y antiguas. Ojalá pudiéramos ir también a un buen espectáculo de tango, seguro que tú sabes bien dónde. ¿Qué dices? ¿Vamos juntas? Quizás aprendamos a bailar con un guapo argentino. :-) Por las noches quisiera salir de fiesta, estoy segura que tienes amigos muy simpáticos e interesantes para salir con ellos y que conocen buenos lugares. Me encantaría conocer gente nueva.

Mi hermano me ha dicho que no me perdonaría si no voy a un partido de fútbol del Boca Juniors. Aunque no me gusta mucho el fútbol, debe ser muy divertido estar en uno, en medio de tanta gente emocionada. Así que ¡Prepárate!

Bueno Paula, espero que tengamos un muy buen tiempo en tú país y que tengas muchas ideas para divertirnos.

Un beso,

Anne

7 **a) Musterlösung:** El artículo de «El País» de 2007 trata de las condiciones de vida de los niños de la calle en Buenos Aires.

Habla de cinco niños, que tienen entre 12 y 16 años, que pasan sus días buscando cartones viejos para venderlos. Duermen en una casa abandonada donde pasan su tiempo juntos, se protegen contra el frío y se drogan para olvidar el hambre, y nadie se da cuenta de ello.

b) Musterlösung: El autor se refiere a un caso concreto, el caso de Juan, para lograr que el lector sienta compasión por los niños. Explica su día a día en detalle y se dirige directamente al lector. Subraya que la casa abandonada donde viven los chicos tiene el techo roto y que hace mucho frío en la casa. Además expone que hay mal olor a causa de la basura en la casa. Se solidariza con los chicos subrayando que ni los vecinos se dan cuenta de lo que pasa con ellos. Al final pregunta si los vecinos harían algo para ayudarles si lo supieran.

c) Musterlösung: Buenos Aires y sus niños de la calle

Acabo de volver de mi viaje a Buenos Aires. Primero quiero decir que es una ciudad impresionante que me gustó mucho. Sin embargo tengo que hablar de una cosa que es horrible y que me pareció increíble: la situación de los niños de la calle. En Buenos Aires puedes ver a muchos niños que viven en la calle. Es un gran problema porque estos niños tienen entre 12 y 16 años y pasan sus días buscando cartones viejos que puedan vender. Está mal que no tengan familias donde vivir y que muchas veces tomen drogas para olvidarse del hambre. Es una cosa que me puso muy triste. A veces duermen en casas abandonadas pero tengo miedo de que allí tampoco se puedan proteger contra el frío de la noche. Pienso que los vecinos de estas casas saben lo que pasa allí pero que no les interesa. Es necesario que nosotros les ayudemos a estos niños para que puedan vivir otra vida sin drogas.

8 1. Andes – 2. Colombia – 3. México – 4. Puerto Rico – 5. Inca – 6. Cuzco – 7. Caracas – 8. Río de la Plata – 9. Panamá – 10.Tegucigalpa – 11. Florida – 12. Chicanos, 13. café

9 **a) Musterlösung:**
2. sería estupendo, podría ir todos los domingos a la playa y aprendería a bailar salsa.
3. me encantaría. Subiría los pueblos andinos, iría a ver las cataratas del Iguazú, viajaría hasta los glaciares...
4. todos nos moveríamos libremente por todas partes.
5. sería muy triste.
6. sería el mundo ideal, nadie tendría que sufrir hambre ni frío.
7. me gustaría mucho, pero muchos estudiantes no aprenderían mucho.
8. no tendríamos nunca miedo de que nuestros padres se enfadaran por malas notas.
9. podría estar muy bien, pero también habría problemas y discusiones sobre la limpieza y la compra.
10. creo que me aburriría.

b) Individuelle Lösung

10 2. algunos niños vivieran en la calle.
3. otros se drogasen.
4. muchos niños pidieran dinero o comida en la calle.
5. a veces los vecinos no se dieran cuenta de la pobreza de los niños.

11 **a)** 1. fueras, verías – 2. hubiera, irían – 3. fueran, tendrían, deberían – 4. supieran, ayudarían – 5. se ocupase, vivirían – 6. vivieran, podrían – 7. fuera, pasarían – 8. llegaran, podría

b) María: harías, tuvieras
Andrés: tuviera, pasaría, viajaría, Visitaría
María: tuviera, haría
Andrés: ganara, compraría, podrían, viviría
María: fuera, ayudaría

12 1. cuyo – 2. cuyo – 3. cuyo – 4. cuya – 5. cuyos.

13 b)

Miriam Meier
Blumenstraße 146
42111 Wuppertal

A CCE Café de Cultivo Ecológico
C/ Arenal, 42
Apartado Postal A-52
Managua, Nicaragua

Berlín, 11 de julio de 2011

Asunto: Su anuncio sobre prácticas en El Mundo

Estimado Sr. Peña:

Por medio de la presente me dirijo a Ud. con motivo a la oferta de las prácticas en su plantación de café ecológico, anunciadas en El Mundo el 28 de mayo. Me interesa mucho su oferta y cumplo con los requisitos que mencionan.

Tengo 19 años y soy alemana. Actualmente vivo en Berlín donde hice la formación de agronomía. Por el momento trabajo como colaboradora en una granja biológica que promueve la venta de frutas y verduras libres de pesticidas. A través de esta granja pude realizar un voluntariado durante un año en Uruguay en un proyecto dedicado al control y manejo de plagas en la agricultura. A través de esta experiencia me he involucrado cada vez más con la vida y cultura en Latinoamérica porque me fascina y me gustaría aprender mucho más.

Estudié español en el instituto e hice un intercambio en Hondarribia, un poblado cerca de Bilbao, España donde mucha gente se dedica a la agricultura y a la pesca. Además me ayudó mucho mi estancia en Uruguay.

A partir del 1 de agosto podría llegar a Nicaragua sin problemas. He visto un vuelo a muy buen precio. A partir de esta fecha estoy disponible hasta principios de diciembre.

En espera de sus noticias, le saluda muy atentamente,

Miriam Meier

Adjunto: Currículum Vitae

12

14 b)

1. Según Miguel, si los jóvenes tuvieran una formación adecuada, encontrarían trabajo.
2. José piensa que si los empresarios no llevaran tantos puestos de trabajo a Asia, él no estaría en paro.
3. Carmen cree que si hubiera transporte público por la mañana, su hijo podría trabajar en Oviedo.
4. Según Juan, si los sueldos fueran menos altos, podría pagar a más empleados.
5. Felipe piensa que si los sueldos fueran más altos, se podría comprar más y eso mejoraría la economía.